Vom geilen Mönchlein und der schönen Maid

Ein sagenhafter Görlitzer Stadtführer

Verzeichnis der Sagen

3. überarbeitete Nachauflage 2009, Tel.: 03586/789232, Fax: 03586/789233
Zeichnungen: Sieglinde Räder
Fotos: Herbert Seibt, Thomas Fiedler, H.-E. Friedrich
ISBN 978-3-933827-04-3

„**Oh je**, oh je, ist das ein Wetter, das gießt ja wie aus Kannen! Und Sie sind also die Gruppe, für die jetzt eine Stadtführung bestellt ist? Ja, was machen wir denn nun? Ich meine, natürlich können wir losgehen, aber... In drei Stunden erst kommt Ihr Bus Sie abholen? Und den ganzen Vormittag waren Sie schon in den Geschäften bummeln? Versteh schon, die Beine tun weh, und die Füße erst... Wissen Sie was, ich habe da eine Idee. Wir machen zusammen die Stadtführung - und werden trotzdem nicht nass. Und ihre Füße werden sich auch freuen, denn Sie können sich sogar ein bisschen hinsetzen. Das gefällt Ihnen? Gut, dann warten Sie bitte mal ein kleines Momentchen, hier im Trockenen, unter dem Torbogen, ich bin gleich zurück, hole dort drüben bloß den großen Schlüssel für den Turm hier...

So, da bin ich wieder, und nun geht es gleich aufwärts mit uns, hier, im Inneren dieses Turmes. Das ist der alte **Reichenbacher Turm,** und von diesen Wahrzeichen hat Görlitz auch den Beinamen **„Stadt der Türme"** bekommen. Aber das können Sie sich von oben viel besser ansehen. Ich gehe mal voran, und Sie kommen bitte hinterher, schön langsam, und gut festhalten! Die Stiegen sind ein bisschen schmal. Seh`n Sie, endlich laufen mir mal wieder ein paar hübsche Frauen nach... Ihnen bleibt gar nichts anderes übrig? Schade, ich hatte schon gedacht ... Na, gut ... Aber jetzt machen wir erst einmal halt.

Also, Sie sind hier in **Görlitz,** in der interessantesten Stadt Deutschlands. Das glauben Sie nicht? Na, warten Sie mal ab. Sehen Sie, nicht nur nach Rom führen alle Wege, wie man so sagt, sondern auch nach Görlitz - zumindest fast alle. Das wussten schon die Kaufleute, die im Mittelalter ihre Waren in hochbepackten Planwagen von Süden nach Norden oder von Norden nach Süden brachten.

Ja, natürlich auch von Osten nach Westen und umgekehrt. Das war sogar ein sehr berühmter Weg, die **„Hohe Straße“** oder auch **„via regia“** genannt, sie ging durch die Furt in der Neiße, später war da eine hölzerne Brücke. In diesem Moment stehen wir sozusagen genau drauf, auf diesem berühmten Handelsweg, hier etwa 210 Meter über dem Meeresspiegel oder ein bisschen mehr. Und zwar in der östlichsten Stadt Deutschlands - östlicher geht`s nicht mehr.

Sehen Sie, die Neiße macht hier einen Schlenker nach Osten und zurück, und dadurch hat Deutschland in der südöstlichsten Ecke so einen kleenen Zippel, und genau dort liegt die Stadt Görlitz. Ob Sie`s nun glauben oder nicht - da habe ich doch neulich eine Landkarte gesehen, wo die den Zippel einfach weggeschnitten haben, so was von dusslig aber auch, nicht war? Eben, da haben Sie völlig recht. Macht aber nischte nich, wir sind da, wir Görlitzer, und wie! Ohne Görlitz würde nämlich ganz Deutschland und halb Europa nach dem Monde leben. Gucken Sie doch mal auf Ihre Uhr, was sehen Sie? Görlitzer Zeit. Ja, so ist es. Görlitz liegt nämlich genau auf dem 15. Meridian östlicher

Länge, und da beginnt die MEZ, die mitteleuropäische Zeit. Vielleicht sind Sie mal wieder hier in dieser Stadt und haben ein bisschen Sonne mitgebracht - da sollten Sie in den Stadtpark gehen, dort, wo die **Stadthalle** steht - ein recht interessanter Bau übrigens. 1908 war er fast fertig, als das Dach einstürzte, das muss ein Krach gewesen sein! Aber zwei Jahre später war Eröffnung. Hm, was wollte ich doch gleich ... Ach ja, vom **Meridianstein** wollte ich Ihnen erzählen, der steht ganz in der Nähe der Neiße, an der Grenze zwischen Polen und Deutschland. Das ist eine steinerne Erdkugel, die an Juri Gagarin aus der damaligen Sowjetunion erinnert, den allerersten Menschen im Weltall. Und genau dort, wo dieser Gedenkstein steht, geht die Zeitgrenze entlang. Wissen Sie, wenn Sie wieder zu Hause sind, kramen Sie doch mal in Ihrem Bücherschrank, vielleicht findet sich dort ein Atlas oder eine Europakarte, egal, wie groß die ist - der kleene Zippel, Sie wissen schon, wo Görlitz liegt, ist sogar auf manchem Globus zu entdecken.

Und dann nehmen Sie einen Zirkel - wenn Sie keinen haben, borgen Sie sich einen bei Ihren Enkeln, die haben bestimmt einen in der Schulmappe. Dann stechen Sie in den Punkt, bei dem Görlitz steht, und spannen ihn bis Island. Wenn Sie jetzt einen Kreis ziehen, umfassen Sie so etwa ganz Europa. Was sagt uns das? Na, ganz einfach - Görlitz liegt genau in der Mitte, ist sozusagen das Bauchknöppel Europas! Doch, doch das klappt schon, das mit dem Zirkel meine ich. Und wenn nicht, dann stimmt die Karte nicht ... Wie bitte, was habe ich gemacht?

Mit dem linken Auge gezwinkert? Aber nein, ich zwinkere doch nicht, nein, ganz gewiss nicht ...

Na schön. Aber die Sache mit der interessantesten Stadt ist doch nun schon ein bisschen klarer jetzt, nicht wahr? Gut, dann können wir ja weiter nach oben steigen ... Immer hübsch vorsichtig, junge Frau!

So, da wären wir auf dem Reichenberger Turm. Ja, hier steht so allerhand Interessantes herum, sehen Sie es sich nur in Ruhe an, steht überall dran, was es ist ... Ja, ja, schon recht erschreckend, diese alten Waffen. Wenn man bedenkt, dass damit sicher viele Menschen umgebracht worden sind ... Dieser Turm hier auf dem Bild, das ist er, der Reichenbacher, er ist ein alter Wehrturm und irgendwann vor 1376 gebaut worden. Erst hatte er einen spitzen „Kopf" und war viel niedriger, 1485 setzte man ihm diesen zylindrischen Teil - sehen Sie hier - auf den eckigen Unterbau, und im Jahre 1782 erhielt er eine neue Haube, die jetzt so schöne grüne Patina angenommen hat. Wenn wir wieder unten sind, sollten Sie vielleicht trotz dieses scheußlichen Regens mal einen kleinen Blick von draußen auf den Turm werfen, es lohnt sich schon. Da werden Sie zum Beispiel zwölf farbige Wappen entdecken, vier auf jeder der drei sichtbaren Seiten. Die oberen zeigen Herrschaftsgebiete, zu denen Görlitz irgendwann einmal, länger oder kürzer, gehört hat, also Böhmen, Brandenburg, Preußen oder auch Kursachsen, und alle haben ihre Spuren hinterlassen, in der Baukunst, in der Sprache, in der

Kultur. Heute gehört die Stadt Görlitz zum Landkreis Görlitz und damit zum Freistaat Sachsen.

Sehen Sie die Neubauten in östlicher Richtung? Das war einstmals ein Teil von Görlitz, allerdings - damals standen diese Häuser noch nicht. Jetzt ist es eine eigene Stadt geworden, **Zgorzelec,** und gehört zu Polen. Das wurde im Abkommen über die Oder-Neiße-Friedensgrenze festgelegt, das nach dem schrecklichen 2. Weltkrieg zwischen der Volksrepublik Polen und der DDR abgeschlossen wurde.

Man sieht, dort wurde viel gebaut, was sicher gut ist für die Menschen, aber nicht besonders gut für die Görlitzer Stadtsilhouette nach Osten zu ... Und dazwischen, wie gesagt, fließt die **Neiße,** über die ein Stück weiter nach Süden seit 1972 täglich zahllose Bürger in beiden Richtungen über die **Brücke der Freundschaft** wandern und ebenso zahlreiche Autos fahren. Aber keine Brummis mehr, die müssen jetzt außen um die Stadt herum.

Doch alles, was Sie diesseits der Neiße sehen, ist Görlitz. Seit mehr als 938 Jahren. Erstmals wurde die Stadt - damals war sie allerdings erst eine kleine slawische Ansiedlung - in einer alten Urkunde aus dem Jahre 1071 erwähnt, als der damalige Kaiser Heinrich IV. dem Meißner Erzbischof acht Königshufen Land mit dieser Ansiedlung „villa gorelic“ vermachte, nachdem der Besitz so einem windigen Bruder weggenommen worden war, der ihn einst als Lehen bekam.

Ja, das ist ein großartiger Blick über die alten Dächer, nicht wahr? Sicher, Sie haben recht, da ist noch viel zu tun, um diese schöne Altstadt komplett zu restaurieren; doch wie schön sie ist, das ist weit über die Landesgrenzen, ja sogar über die Grenzen unseres Kontinents hinaus bekannt. Es ist viel liegen geblieben. Rund um die Stadt wurde gebaut und gebaut, um schnell Wohnungen zu schaffen, aber für die Altstadt hat es nicht gereicht.

938 Jahre - was für eine Geschichte! Ich erinnere mich noch an die 900-Jahr-Feier im Jahre 1971, da war vielleicht was los in der Stadt! Da war ... halt, ich wollte Ihnen ja etwas ganz anderes erzählen, nämlich von den Wappen am Turm. Ja, Also, was die oberen bedeuten, wissen Sie nun. Doch jetzt zu den unteren sechs. Es sind die **Wappen des Sechsstädtebundes,** eines Schutz- und Trutzbundes gegen Feinde von nah und fern sowie zur Sicherung des Landfriedens, zu dem sich die Städte **Görlitz, Lauban, Löbau, Zittau, Kamenz und Bautzen** im Jahre 1346 zusammengeschlossen hatten.

Der olle Reichenbacher hat viel gesehen in all den Jahren, und wenn Sie mich fragen - für mich ist er der schönste Turm in Görlitz, und nicht nur für mich, denn ... hm, das erzähle ich Ihnen später, versprochen, wir haben ja viel Zeit heute. Warum ich ihn so besonders mag, hat wirklich Ursachen. Kommse mal ein kleines bisschen näher, muss nicht jeder hören. Der Turm ist nämlich für mich persönlich so etwas wie ein Familienstammsitz, ja ja, da staunen Sie, nicht wahr? Das ist nämlich so:

In alten Zeiten, noch bis zum Anfang dieses Jahrhunderts, waren die großen Görlitzer Türme bewohnt. Ein Türmer und seine Frau, meist waren es ältere Leute, lebten in den kleinen Stuben, ganz oben, und wurden für ihre Arbeit rund um die Uhr und rund ums Jahr jämmerlich gering bezahlt, doch dafür hatten sie freie Wohnung und bekamen Holz für Herd und Ofen. Sie hatten ständig aufzupassen, ob Feinde gegen die Stadt vorrückten oder ob es irgendwo brannte. Dann gaben sie Alarm mit dem Horn und zeigten mit Laterne und roter Fahne an, in welcher Richtung sie etwas bemerkt hatten. Wenn Sie mal mehr Zeit haben, sollten Sie vielleicht auch auf den **Nikolaiturm** klettern, den dort drüben links, dort gibt es noch ein Stübchen und die Küche, wie sie damals üblich waren. Alles Möbel und Gegenstände aus alten Zeiten, man denkt, gleich wird der Türmer hereinkommen und „Guten Tag“ sagen; dafür haben Heimatforscher seit vielen Jahren in zahllosen Freizeit-Stunden gesorgt ...

Ach so, ja, ich muss Ihnen ja noch verraten, warum ich Ihnen das erzähle - ich bin verwandt mit dem letzten Türmer, der hier auf dem Reichenbacher seinen Dienst tat, das war von einem Onkel der Schwiegervater, und von dem der Vater, nein, warten Sie, der Großvater? Na, ist ja auch egal ... Da staunen Sie, was? Echter alter Türmeradel ...

So, jetzt haben wir uns vielleicht genug verpustet und steigen gleich hinauf bis ganz nach oben, und dort können Sie sich sogar ein bisschen hinsetzen, ich weiß doch, Ihre Füße ...Vorsicht, Vorsicht, junger Mann! Immer gut festhalten, nicht wahr?

Na also, da wären wir. Wenn Sie jetzt mal aus dem Fensterchen gucken, sehen Sie ein Stückchen von der Hohen Straße, von der ich vorhin schon gesprochen habe. Denn dieser Platz, der **Obermarkt,** ist eigentlich eine breite Straße, auf der früher gehandelt wurde - und heute auch manchmal, wenn die Marktschreier wieder mal da sind. Dort drüben in der Mitte, dort, wo gerade der rote Wagen abfährt sehen Sie? - da ungefähr stand einst ein für die Bürger sehr wichtiges Gebäude, das Salzhaus, ohne Salz geht es nun mal nicht, nicht wahr? Irgendwo hier links muss eine Schmiede gewesen sein, über die man sich eine schauerliche Geschichte erzählt. Möchten Sie sie eventuell hören? Ach, sie mögen alte Geschichten? Ja, wenn das so ist ... Dann werde ich Ihnen jetzt die Geschichte von einem berühmten Görlitzer Schmiedemeister und seinem schrecklichen Ende erzählen.

Die Sage vom Nachtschmied zu Görlitz

Einstmals lebte in der schönen Stadt Görlitz ein gar ehrsamer und fleißiger Schmiedemeister. Seine Schmiede befand sich ganz in der Nähe der großen Handelsstraße. Arbeit gab es reichlich, denn die Fuhrleute und Händler machten in Görlitz erst einmal Halt, um sich etwas auszuruhen, auch die Pferde brauchten Ruhe, nachdem sie sich die steile Neißstraße hinaufgemüht hatten, und bei der Gelegenheit mussten oftmals Hufeisen ausgewechselt oder dies und das am Wagen repariert werden.

Und wo viel Arbeit ist, da kann man leben, wenn auch nicht gerade üppig. Also war der Schmiedemeister froh und zufrieden.

Nur ein Problem hatte er – er brauchte einen neuen Gesellen, nachdem der alte eines Abends auf unerklärliche Weise verschwunden war.

Der Meister war ein sehr frommer Mann, Sonntag für Sonntag ging er brav mit Frau und Kindern in die Kirche, er liebte seine Familie und war seiner Frau treu, obwohl es, da er ein gut aussehender Mann war, an Gelegenheiten nicht fehlte. Selten ging er ins Wirtshaus, um mit den Zunftmeistern ein Maß Bier zu trinken. Er spendete für die Armen, von dem wenigen, das er besaß, und er war allerorten beliebt. Und wenn man in der Stadt Görlitz nach einem tugendhaften Mann gefragt hätte, dann wäre sicher der Name des Schmiedes gefallen.

Es gibt aber so den und jenen, der Tugend liebt wie Schmierseife auf dem Frühstücksbrötchen - einen ganz besonders. Er hat viele Namen - Höllenfürst, Teufel, Satan, Mephisto ... Er war gerade mal wieder auf Seelenfang und stieß dabei nicht ganz von ungefähr auch auf den Schmiedemeister. Und wie das so ist - was man nicht erreichen kann, reizt ganz besonders, und so wurde es für den Herrn der Finsternis zu einer geradezu sportlichen Herausforderung, die Seele des Schmiedes in seine persönliche Sammlung aufzunehmen.

Und so geschah es, dass einen schönen Tages ein großgewachsener Mann mit hageren, scharfen Gesichtzügen die Schmiede betrat. Er hinkte, eines Klumpfußes wegen, auf dem rechten Bein, und sein stechender Blick jagte dem Meister einen kalten Schauer über den Rücken. Da war auch ein leichter Schwefelgeruch um ihn herum, kurzum, der Meister fragte den Fremden schnell nach seinem Begehr, in der Hoffnung, ihn ebenso schnell wieder loszuwerden.

Er sei Geselle, könne gut arbeiten, verlange nicht viel Lohn und bitte den Meister um Arbeit, sagte der finstere Mann.

Der Schmied wollte eigentlich gleich ablehnen, aber der Fremde forderte so wenig Lohn, dass der Meister nachdenklich wurde, und als der Bewerber noch ein Zeugnis seines Könnens abgelegt hatte, beschied der Schmiedemeister, er könne bleiben.

Kunz, der neue Geselle, war so gut, wie der Meister es nie für möglich gehalten hätte. Kaum hatte er ein Stück Eisen angefasst, war das zu schmiedende Teil schon fertig und passte genau bis auf den letzten Millimeter. Der Lehrling wurde bald zur Meisterin geschickt, um in Haus und Küche zu helfen. Und obgleich immer mehr Leute die Schmiede aufsuchten, um etwas zu bestellen, stand der Meister selbst in der Werkstatt nur herum, mit den Händen in den Taschen - für ihn war einfach nichts mehr zu tun.

Angesichts des großen Kundenstromes klingelte es auch recht munter in der Kasse, und so konnte sich der Meister bald nicht nur ein Glas Bier leisten wie bisher, sondern auch ein zweites, ein drittes, und sogar für Wein reichte es bald. Immer später kam er nach Hause, immer zeitiger ging er in die Wirtschaft. Warum auch nicht - die Arbeit wurde ja trotzdem gemacht. Und es dauerte gar nicht lange, da schaute er nur noch ab und zu einmal in seine Schmiede. Doch so schnell, wie das Geld verdient war, so schnell war es auch schon wieder verloren, beim Würfeln und beim Kartenspiel. Er vernachlässigte Frau und Kinder, und bald wurde gemunkelt, man habe ihn des öfteren aus dem Haus einer stadtbekannten Dirne kommen sehen ...

Eines Tages trat aber der Geselle an ihn heran und bat um einen kurzen Urlaub. Das konnte ihm der Meister nicht verwehren und musste sich nun wohl oder übel selbst wieder einmal an seinen Amboss stellen, was ihm nach so langer Zeit ordentlich schwer viel. Da betrat ein vornehmer Herr die Schmiede, er war gut gekleidet, in der Art eines Junkers, mit einer langen Feder auf dem Hut. Er hatte ein scharf geschnittenes Gesicht und stechende Augen. Er schien sich verletzt zu haben, denn er hinkte ein wenig auf dem rechten Fuß.

Der Meister machte einen Diener und fragte den Fremden nach dessen Begehr. Ein Gitter wolle er, sagte dieser, geschmiedet aus einzelnen Ringen, es müsse in genau sieben Tagen um Mitternacht fertig sein.

Der Meister nahm den Auftrag gern entgegen, denn der Junker versprach eine fürstliche Bezahlung. Zur Bestätigung des Gesagten schüttete er einen ganzen Beutel voll Gold auf den Tisch. Die Dukaten funkelten in der Sonne, und der Meister sah sich dadurch richtig geblendet. Er prüfte deshalb auch das Dokument, das ihm der Junker zur Vertragsunterzeichnung vorlegte, nur ganz oberflächlich. Und da keine Tinte vorhanden war, unterschrieb der Meister rasch, seine Augen immer noch auf dem Gold, mit einem Tropfen seines Blutes.

Ehe er sich versah, war der Fremde verschwunden, und nur ein leichter Schwefelgeruch, der dem Meister irgendwie bekannt vorkam, erinnerte noch an seine Anwesenheit. Dann ging der Schmied wie üblich erst einmal ins Wirtshaus.

Sechs Tage später war der Geselle wieder zurück. Wie gewohnt, machte er sich an die Arbeit, der Meister war zufrieden und verließ die Werkstatt.

Es war schon etwa eine Stunde vor Mitternacht, als er so ein beunruhigendes Gefühl in sich verspürte. Und obgleich er gewöhnlich bis zu dem Zeitpunkt blieb, wenn der „Mönch“ sieben Minuten zu zeitig die zwölfte Nachtstunde schlug, ging er diesmal noch einmal in seine Schmiede.

Als er seine Werkstatt betrat, glimmte dort noch das Feuer. Er zündete eine Kerze an und sah, dass das fertige Gitter an einer der Wände lehnte. Das heißt - es war nicht ganz fertig: Ein Ring fehlte noch. Also fachte der Schmied das Feuer an und legte ein passendes Eisenstück hinein, bis es durch und durch glühte. Dann packte er es mit der Zange und schlug kräftig darauf ein. Es dehnte sich, wurde zu einem eisernen Strang, dann bog es sich zu einem Ring - und zersprang.

Der Meister runzelte die Stirn. Er nahm ein neues Eisenstück, fachte das Feuer mit dem Blasebalg kräftig an, griff das Eisen und schlug darauf ein.

Wieder zersprang es, als der Schmied es zu einem Ring formen wollte.

Auf seiner Stirn bildeten sich kleine Schweißtropfen, und das nicht nur wegen der Hitze, die das Feuer ausstrahlte. Der Mönch hatte bereits eine halbe Stunde vor Mitternacht angezeigt, und der Meister schmiedete und schmiedete, und jedes Mal, wenn er fast fertig war, zersprang der Ring. Immer schneller schlug er auf das Eisen ein, immer mehr Schweiß lief über sein Gesicht, und die pure Angst saß ihm im Genick.

Wieder schlug die Mönchsuhr, also würde der unheimliche Fremde in sieben Minuten kommen, um sein Gitter abzuholen, wie es der Vertrag vorsah.

Der Vertrag! Was um Himmels Willen hatte er nur unterschrieben? Der Schmied wusste es nicht mehr so genau, er hatte nicht darauf geschaut, nur das Gold hatte er gesehen. Er hämmerte und hämmerte, Minute um Minute verging, und dann begannen alle Turmuhren in der Stadt zu schlagen - Mitternacht.

Und plötzlich stand eine schreckliche Gestalt neben dem Meister, rußig, zottlig, mit Hörnern, ein Anblick, der dem Schmied das Blut in den Adern gefrieren ließ - der Teufel selbst! Grinsend hielt er ihm den Vertrag unter die Nase, und angstschlotternd las der Meister, was in kleiner Schrift ganz unten stand: „Wenn das Gitter bis zu dieser Stunde nicht vollendet ist, gehört deine Seele dem Teufel.“ Beim letzten Glockenschlag ertönte ein furchtbares Krachen, die Erde spaltete sich auf, Feuer und Rauch füllten die ganze Schmiede, und der Meister stürzte mitsamt seinem Amboss in tiefste Tiefen.

Noch bis vor gar nicht langer Zeit soll man ihn tief unter der Erde hämmern gehört haben, wohl, weil er noch immer hoffte, den letzten Ring zu schließen und vielleicht so seine Seele zurückzugewinnen. Andere sagen allerdings, es seien nur unterirdische Wasserläufe gewesen, die das klopfende Geräusch hervorriefen.

Aber das ist sicher nur eine Sage. Das Gitter selbst wurde auf dem Nikolaifriedhof an einer Gruft angebracht, und man hat immer wieder versucht, den fehlenden Ring zu ergänzen - aber es soll nie gelungen sein. Also fehlt er noch immer. Falls Sie das nicht glauben, schauen Sie doch selbst mal nach.

Und die Moral von der Geschichte: Wenn du einen Vertrag abschließt, lies auf jeden fall das Kleingedruckte, auch, wenn du kein Schmied bist - man kann ja nie wissen!

Ja, ja, beim Erzählen dieser Geschichte werden sich unsere Vorfahren so richtig schön gegruselt haben.

Da drüben links, das gelbe Haus, ja, das, vor dem gerade eine Gruppe steht, sehen Sie?, das ist das so genannte **„Napoleonhaus",** ein schönes Barockgebäude aus dem 18. Jahrhundert. Dort soll der berühmte und auch berüchtigte Franzosenkaiser Napoleon I., der mehrfach in Görlitz gewesen ist, einige Male übernachtet haben.

Das letzte Mal sah er die Stadt im August 1813, doch da hatte er es sicher ganz eilig, denn die russischen Truppen unter Zar Alexander I. waren hinter ihm her, hatten ihn nach verlorenen Schlachten von Moskau aus immer weiter nach Westen gejagt, auch durch Görlitz durch, immer weiter, bis nach Leipzig, wo er schließlich zwei Monate später, im Oktober 1813, von ganz Europa vernichtende Prügel bekam.

Und kurz davor, ich meine, vor dem Haus, sehen Sie eine kleine Gasse, nicht wahr? Sie trägt den Namen **„Verrätergasse"**, obwohl diese Bezeichnung eigentlich ganz falsch ist: Nicht Verräter trafen sich dort, sondern Verratene.

Wissen Sie, ich kenne da eine kleine Geschichte ... Können Sie sich erinnern, was ich Ihnen vorhin über die Görlitzer Zeit erzählt habe?

Richtig, die Sache mit dem 15. Längengrad, der durch die Stadt verläuft, so dass Görlitz die genaueste Zeit in Mitteleuropa hat.

Und ausgerechnet in Görlitz gibt es eine gewissermaßen „offizielle" Uhr, die seit Jahrhunderten ständig falsch schlägt. Nicht, dass die

Görlitzer zu knausrig wären, einen Uhrmacher auf dem Turm der Dreifaltigkeitskirche zu schicken, nein, das sind sie nicht, trotz der angezeigten Sparsamkeit, und es heißt auch nicht, dass die Görlitzer Uhrmacher nichts taugten, die verstehen ihr Handwerk; im Gegenteil, sie achten darauf, dass alles genauso bleibt und der **„Mönch“** immer ganz exakt sieben Minuten zu früh seinen Glockenschlag hören lässt.

Es gibt viele Deutungen für diese merkwürdige regelmäßige Unregelmäßigkeit, zum Beispiel, damit die Kinder pünktlich in der Schule ankamen, die Ehemänner noch vor Mitternacht am heimatlichen Herd eintrafen oder der Oberbürgermeister die Debatte mit seinen Stadträten pünktlich beginnen kann - wer weiß? Vielleicht aber sollte, als einstmals beschlossen wurde, die Uhr möge nun immer sieben Minuten zu zeitig schlagen, auf diese Weise daran erinnert werden, dass es eh keinen Sinn habe, gegen die Stadtobrigkeit aufzumucken. Diese Deutung geht auf eine der bekanntesten Görlitzer Sagen zurück, die auch dem Drama eines berühmten Görlitzers, Johannes Wüsten, zugrunde liegt. Und das ist sie:

Bild S. 21: Verrätergasse, Blick zum Obermarkt

21

Schnitzaltar „Goldene Marie" in der Dreifaltigkeits- oder Oberkirche auf dem Obermarkt

22
LIONS
CLUB

Zu den Bildern:

S. 22 li.:	*Der schönste der „langen Görlitzer“ - der Reichenbacher Turm*
S. 22 re.:	*Verrätergasse, Blick zur Langenstraße*
S. 23 li.:	*Brunnenfigur am Schwibbogen, gegenüber dem „Napoleonhaus“*
S. 23 re.:	*Schmiedeeisernes Gitter am Brunnen auf dem Klosterplatz*
S. 25 li.:	*Der „Mönch“, der Turm der Dreifaltigkeitskirche*
S. 25 re.:	*Der Rathausturm sieht über die Dächer der Altstadt*
S. 26:	*Der „Flüsterbogen“ am Untermarkt reizt zum Austausch von Geheimnissen*

Die Sage von der Verrätergasse

Die Görlitzer sind mitunter ein recht rebellisches Völkchen. Etwa anno 1527 muss es gewesen sein, als die Bürger sehr unzufrieden waren mit ihrer Stadtobrigkeit, wieder einmal, und das soll sogar heute noch vorkommen. Ganz besonders die Handwerker waren es, und unter ihnen vor allem die Tuchmacher, die mehr Rechte forderten, so z.B. wollten sie im Rat vertreten sein und dessen Finanzpolitik kontrollieren können. Natürlich gefiel besagter Obrigkeit solcherlei Aufmüpfigkeit ganz und gar nicht, wer will schon etwas abgeben von seiner Macht; jede Rebellion der Bürger wurde auf das schrecklichste geahndet, also war äußerste Vorsicht geboten. Deshalb trafen sich die Aufständischen zu nachtschlafender Zeit im Haus von Peter Liebig in der Langenstraße und berieten dort, wie sie ihre Forderungen gegenüber dem Rat durchsetzen könnten. Sie schlichen in der Dunkelheit vom Obermarkt her durch eine schmale Gasse zu ihrem Treffpunkt, den sie durch eine Tür in dieser Gasse betraten und nach der Beratung ebenso wieder verließen. Auch das musste wieder mit größter Vorsicht geschehen, um nicht dem Nachtwächter zu begegnen, der stets genau um Mitternacht seine Runde vor dem Rathaus begann und demzufolge ein paar Minuten nach 12.00 Uhr in der Nacht an dem Gässlein vorbeikam.

Eines Nachts aber ging die Uhr falsch, das heißt, der „Mönch“, der schlanke Turm der zum Kloster gehörenden Kirche auf dem Obermarkt, schlug um Mitternacht sieben Minuten zu früh die volle Stunde. Der Nachtwächter, der sich nach der Rathausturmuhr zu richten pflegte, kam deshalb erst dann an der Gasse vorbei, als sich die Verschwörer, in der Annahme, er sei längst weit entfernt, schon auf den Heimweg machten und so prompt entdeckt wurden. Der Nachtwächter meldete seine Beobachtung am nächsten Morgen pflichteifrigst dem Rat; der schickte seine Büttel, die lauerten den Handwerkern auf, verhafteten die Beteiligten, verhörten sie hochnotpeinlich, und ein Gericht verurteilte sie schließlich gnadenlos zum Tode.

Die Verschwörer wurden kurz darauf auf dem Untermarkt öffentlich hingerichtet. Somit konnte die Obrigkeit wieder für eine Weile ruhig schlafen und ansonsten tun und lassen, was sie wollte.

Zum Gedenken an diese Verschwörung der Görlitzer Tuchmacher wurde später neben der Tür in der kleinen Gasse eine Tafel *mit der Aufschrift D.V.R.T. (= Der verräterischen Rotte Tür) und der Jahreszahl 1527 angebracht. Die Gasse selbst aber erhielt später den schimpflichen Namen „Verrätergasse", vielleicht, um die Aufständigen in den Augen der anderen Bürger zu diskriminieren; eine bewährte Methode, die wohl bis heute nicht in Vergessenheit geraten ist.*

Ja, ja, so war das damals. Heute wäre die Verschwörung sicher nicht wegen einer falsch schlagenden Turmuhr aufgeflogen; ein Blick auf die Armbanduhr hätte den Irrtum verhindert.

Doch damals gab es gerade mal seit etwa 17 Jahren eine tragbare Uhr, das „Nürnberger Ei", mit dem der Uhrmachermeister Peter Henlein in die Geschichtsbücher einging, und ein Tuchmacher konnte sich einst so eine Kostbarkeit ganz sicher nicht leisten.

Wenn Sie eines Tages über den Obermarkt gehen, ich meine, so richtig zu Fuß, nicht nur mit den Augen, dann sehen Sie auf jeden Fall mal hoch auf die Mönchsuhr - beginnt diese, just in diesem Moment, die volle Stunde zu schlagen, dann sollten Sie sich rasch etwas wünschen. Ob der Wunsch auch wirklich in Erfüllung geht, ist zwar nicht so sicher. Aber probieren kann man es ja immerhin mal, nicht wahr?

Und nun schauen Sie auf Ihre Armbanduhr, acht Minuten vor der vollen Stunde, nicht wahr? Bitte seien Sie jetzt einmal ganz leise, pst, wirklich ganz leise ... da! Hören Sie etwas? Ja, genau, eine Turmuhr schlägt, der Mönch, wie immer sieben Minuten zu früh ...

Da drüben, gleich links, das ist er. Erst in den letzten Jahren hat er wie die ganze Kirche dieses gelbe Gewand bekommen, unter dem die ursprünglichen Grauwackensteine verschwunden sind. Die Dreifaltigkeits- oder Oberkirche wurde so um 1234 herum von den Franziskanern gebaut und gehörte zum Kloster dieses Ordens von Bettelmönchen, die sich in der Stadt an der Neiße angesiedelt hatten. Übrigens gibt es nicht weit von Görlitz, in Marienthal, ein Zisterzienserinnen-Kloster aus derselben Zeit, in dem aber noch heute Nonnen leben.

Das Mönchskloster ist längst Vergangenheit, an dieser Stelle entstand 1854 ein bedeutsames Gymnasium. Doch zurück ins 13. Jahrhundert. Die Bettelmönche müssen, um dieses Kloster bauen zu können, damals sehr fleißig und sparsam, die Leute aber recht freigiebig gewesen sein ... Oder gewaltig gesündigt haben! Ich denke, das tun sie sicher heute auch, nicht wahr? Sehen Sie, dachte ich mirs doch ... Aber mit der Freigebigkeit scheint es ein bisschen zu hapern, denn bisher hat es nur für die äußere Kirchenrestaurierung gelangt. Dabei lohnt es durchaus, mal einen Blick hineinzuwerfen! In der St. Barbara- Kapelle nach Süden zu ist eine kostbare Steinplastik des berühmten Bildhauers und - Schnitzers

Hans Olmützer zu sehen, daneben ein schöner alter Marienaltar, die **„Goldene Marie“,** die man zeitweilig ebenfalls Olmützer zuschrieb; aber das war ein Irrtum, wie sich herausstellte. Sie steht in einem doppelten Flügelaltar mit vier geschnitzten Seitenreliefs im Inneren. Außen waren einst - bis in die 1970iger Jahre - noch Flügel mit gemalten Szenen aus der Leidensgeschichte Christi zu sehen, die zugleich ein Stückchen Geschichte der Stadt Görlitz erzählten. Auf ihnen taucht immer wieder ein auffallend hässlich gemalter, knollennasiger Mann auf, in priesterliche Gewänder gekleidet; das soll der Pfarrer Behem oder Beham gewesen sein, der, so sagt man, ebenso wie die Patrizier das Brau- und Ausschankrecht für Bier besessen haben soll, sich aber wohl nicht so ganz an die Beschränkung hielt, innerhalb der das Görlitzer Bier verkauft werden durfte. Und wenn es um ökonomische Interessen geht, gibt es bekanntlich keinen Pardon unter Konkurrenten; kennen wir doch, nicht wahr? Also prozessierten die Stadtoberen und der geschäftstüchtige Pfarrer erbittert gegeneinander. Allerdings - der eigentliche Grund für die Verbissenheit, mit der die Auseinandersetzungen geführt wurden, könnte auch darin bestanden haben, dass die Herren im Rat befürchteten, er würde möglicherweise die rebellischen Tuchmacher unterstützen, auch finanziell. Ja, und da konnte es natürlich erst recht keine Gnade geben ...

Nun muss ich Ihnen sagen, dass dieser gemalte Teil des Flügelaltares 1998 noch nicht wieder zu besichtigen war. Er war so gebrechlich geworden, dass er bereits vor Jahren abgenommen werden musste und sich bis 2001 bei einem Restaurator befand. Seitdem ist er wieder für jeden Besucher zugänglich.

Mit der Kirche und dem einst dazugehörenden Kloster hängt aber noch eine andere, recht schauerliche Geschichte zusammen, die bis heute erhalten ist. Wollen Sie sie hören? Gut. Wie ist das - gehören Sie auch zu den Leuten, die sich ab und zu gern mal ein bisschen gruseln? Natürlich nicht um Mitternacht auf dem Friedhof, sondern gemütlich vor der Flimmerkiste, einen guten Schluck und etwas zu Knabbern in Reichweite?

Die alten Görlitzer hatten zwar das Glück, auf den Fernseher verzichten zu müssen, aber Gruselgeschichten waren damals mit Sicherheit der absolute Hit. Wenn man abends in fröhlicher Runde am Spinnrad saß und die Köpfe zusammensteckte, weil der Erzähler sich nicht traute, laut zu sprechen, huch, war das aufregend! Und dann erst der Nachhauseweg durch die dunklen Straßen - da war der entsprechende Adrenalinstoß garantiert. Manches von dem, was man damals erzählte, wurde weitergegeben bis in unsere Zeit, aus dem Ereignis wurde eine Sage. Eine der schauerlichsten davon ist die Geschichte vom Klötzelmönch, die diesem Büchlein ihren Namen gegeben hat.

Die Sage vom Klötzelmönch zu Görlitz

Es war vor langer Zeit, irgendwann am späten Nachmittag eines kühlen Herbsttages in der reichen Tuchhändlerstadt Görlitz. Ein Handwerksbursche war über die Neißebrücke gekommen und folgte nun einem Planwagen, der sich schwer beladen den Berg hinaufmühte, wo die Zöllner an der Stadtwaage auf dem Untermarkt die Ladungen der Fuhrleute kontrollierten und einen entsprechenden Obolus kassierten. Der Bursche hatte nichts zu verzollen, ein armer wandernder Handwerker hat nun mal nur leere Taschen, und so konnte er seinen Weg unbehelligt fortsetzen.

Viele Stunden war er unterwegs gewesen und sehnte sich nach einer warmen Mahlzeit und einem Bett, aber in seinem Beutel befand sich nur noch ein winziges Geldstück, sein Notgroschen für ganz schlimme Zeiten. Wenn er großes Glück hatte, fand er noch an diesem Abend einen Meister, der einen tüchtigen Gesellen brauchte.

Er war am Rathaus vorbeigekommen, hatte einen Blick auf den Mann am Pranger unter der Rathaustreppe geworfen, aber er folgte dem Beispiel anderer nicht, auf diesen zu spucken, wer weiß, was der arme Kerl ausgefressen hatte. Er war dann durch die Brüderstraße gelaufen und stand nun vor der Kirche des Franziskanerklosters, deren schlanker Turm sich hoch in den Himmel bohrte. Die Türen standen weit offen und versprachen ein wenig Ruhe und Geborgenheit.

Der junge Mann betrat die Kirche, bekreuzigte sich und ließ sich dann in eine der hinteren Bänke fallen. Der Kirchenraum füllte sich in der nachfolgenden Zeit, die Messe begann, Gebete folgten und Gesänge.

Später, nach der Messe, wurde es wieder ruhig, die Gläubigen hatten die Kirche verlassen. Bis auf einen: Der Handwerksbursche saß noch immer in seiner Bank. Die Müdigkeit und wohl auch die Wärme des Raumes, im Gegensatz zur herbstlichen Kühle draußen, hatten ihren Tribut gefordert - er schlief.

Gegen Mitternacht erwachte er und stellte erschrocken fest, dass er allein war. Es war stockfinster in den ehrwürdigen Mauern, nur das ewige Licht am Altar schimmerte hell, und ab und zu zeichnete der Mondschein, der durch die hohen Fenster ins Kirchenschiff fiel, bizarre Schatten auf die Wand hinter dem Chorgestühl.

Den Burschen schauderte es, er fürchtete sich vor der gespenstischen Dunkelheit und wollte die Kirche so schnell wie möglich verlassen, lieber die Kälte als diese unheimlichen Mauern. Er tastete sich an den Wänden entlang bis zur Tür - aber die war fest verschlossen, ebenso die anderen. Also blieb ihm nichts anderes übrig, als bis zum nächsten Morgen in dieser beängstigenden Umgebung zu verweilen. Er tastete sich zurück bis zum Altar und kauerte sich in einen der hohen Chorstühle, und irgendwie schlief er doch wieder ein.

Es war nur wenig später, als er von einem dumpf klappernden Geräusch aufgeschreckt wurde, das er sich zunächst nicht erklären konnte: Klock... klock... klock... klock... klock... Was, um Himmels willen, war das? Es schien näher zu kommen, dann knirschte ein Schlüssel im Schloss, Türangeln quietschten, und dann wieder das Klappern, jetzt laut und deutlich: Klack... klack... klack... Und da war noch etwas, ein Rascheln oder Kratzen, so, als würde etwas über den Steinboden geschleift. Dem Burschen lief kalter Schweiß den Rücken herunter, die Haare standen ihm zu Berge, die Hände zitterten. Er kauerte sich ganz klein zusammen, vorsichtig lugte er um die Ecke und erblickte im schwachen Mondschein eine große, hagere, gebückt gehende Gestalt in einem langen Gewand, die etwas

Schweres hinter sich herzog. Vor dem Altar machte die Gestalt Halt, setzte die Blendlaterne ab und ließ die Last zu Boden fallen. Dann knirschte Metall auf Stein, und etwas Schweres, Steinernes schurrte über den Fußboden.

In diesem Moment kam der Mond wieder einmal zwischen den Wolken durch und erhellte schlagartig die gespenstische Szene: Der junge Mann sah, wie die Gestalt, ein erschreckend hässlicher Mönch, ein junges, blondes Mädchen bei den Haaren packte und dann die leblose Gestalt in eine Gruft unterhalb des Altars fallen ließ. Danach verschloss er die Öffnung im Boden wieder mit der Steinplatte und klapperte auf seinen Holzpantinen zurück - klack... klack... klack... Die Tür schloss sich quietschend, das Schloss schnappte ein. Klock... klock... Der junge Mann war wieder allein.

Er saß da und wagte vor Furcht nicht, sich zu rühren. War das alles nur ein Alptraum - oder war es schreckliche Wirklichkeit gewesen? Er wusste es nicht. So hockte er lange Zeit auf der harten Bank, zitternd vor Kälte und der Angst, die schreckliche Erscheinung könne wiederkommen. Irgendwann musste er dann aber doch wieder eingeschlafen sein. Als der Messdiener am Morgen die Kirchentür wieder aufschloss, wurde der Bursche wach und lief schnell hinaus.

Im Wirtshaus gönnte er sich ein winziges Frühstück, für das er seinen Notgroschen opferte. Noch immer hatte er sich nicht völlig beruhigt, und so sehr er auch darüber nachdachte, er war sich auch jetzt einfach nicht sicher, ob er nur schlecht geträumt hatte oder ob alles wirklich gewesen war, was er in dieser Nacht erlebt hatte.

Am Nachbartisch steckten sie die Köpfe zusammen, und als der Wirt dazukam, konnte auch der Handwerksbursche hören, worüber sie redeten: Ein junges Mädchen, Tochter einer armen, ehrbaren Witwe in der Fleischerstraße, war verschwunden, und wurde nun überall gesucht. Das Mädchen war am Tage zuvor nachmittags zur Beichte in die Oberkirche, wie die Dreifaltigkeitskirche auch hieß, gegangen, aber nicht mehr nach Hause gekommen.

Dem Burschen stand bald der Angstschweiß auf der Stirn, er wusste jetzt, dass er nicht geträumt hatte. Er ging zum Rat und berichtete dort, noch immer zitternd, was er in der Nacht unfreiwillig beobachtet hatte. Man suchte in der Altargruft und fand dort wie angegeben den Leichnam des vermissten Mädchens. Daraufhin wurden alle Mönche, die zum Franziskanerorden gehörten, zusammengerufen, und der Bursche fand sofort den heraus, den er in der Nacht gesehen hatte. Dieser wurde hochnotpeinlich verhört und gestand unter der Folter, das junge Mädchen in seine

Zelle gelockt, sich dort an ihm vergangen und es schließlich erwürgt und in die Gruft geworfen zu haben.

Damit war ein schweres Verbrechen sehr schnell aufgeklärt worden, das noch lange die Gemüter erregte. Es kam zum Prozess, und der verbrecherische Mönch wurde dazu verurteilt, lebendig in den Kellerräumen des Klosters eingemauert zu werden. Noch lange habe man ihn dort mit seinen Holzpantinen klappern gehört, sagt die Überlieferung. Der Kirchturm hatte seitdem aber einen neuen Namen, er hieß in Görlitz nur noch der „Mönchsturm" oder kurz der „Mönch".

Eine andere Version der Sage vom Klötzelmönch berichtete davon, dass ein unterirdischer Gang die Klosterkirche mit der Raubritterburg auf der Landeskrone verbunden haben soll, so dass die Burgherren und ihr Mordgesindel jederzeit unbeobachtet in die Stadt eindringen und ihre Raubzüge unternehmen konnten. Irgendwann aber habe man das dann doch bemerkt und den unterirdischen Gang mit einer mehrere Metern dicken Mauer verschlossen, so dass er bis heute nicht wieder gefunden wurde. Noch lange Zeit danach habe man aber die schweren Schritte und das Waffengeklirr der Raubritter sogar durch diese dicke Mauer gehört.

Vielleicht stimmt aber auch folgendes: Im Keller des etwa Mitte des 16. Jahrhunderts gegründeten Gymnasiums hatte der damalige Direktor seinen Wein gelagert, und das hatten die Gymnasiasten spitzgekriegt. Heimlich schlichen sie sich bei jeder passenden Gelegenheit nach unten und vernaschten die Vorräte des Direktors. Der wunderte sich nur anfangs über das Verschwinden seiner besten Tropfen, dann stellte er den Weindieben eine Falle, erwischte sie auch prompt und verdonnerte sie zu einer deftigen Strafe. Nach diesem Vorkommnis soll dann der Keller zugemauert worden sein, und damit war Schluss mit dem Naschen.

Wie auch immer - jeder kann sich seine Version der Sage heraussuchen - die bekannteste ist jedenfalls die mit dem Klötzelmönch.

Übrigens ließen, wie berichtet wurde, die Görlitzer zum Gedenken an das schauerliche Ereignis in der Fleischerstraße am Haus der Witwe zwei Köpfe in den Stein hauen. Sie zeigten die Witwe, die angstvoll nach ihrer vermissten Tochter Ausschau hielt, und auf der anderen Seite guckte der hässliche Mönch aus der Mauer. Mancher Reisende, der die schöne Stadt Görlitz besuchte, soll zu diesem bemerkenswerten Haus geführt worden sein und erfuhr dort die schauerliche Geschichte.

Diese Querstraße da drüben, das ist die Fleischerstraße.

Sehen Sie dort das große Haus an der Ecke zum Obermarkt? Schätzen Sie doch bitte einmal, wie alt es ist. Vierhundert Jahre? Dreihundert, sagen Sie? So alt wie die Wohngebäude drumherum? Nein, nein, Sie täuschen sich alle, wie übrigens die meisten Besucher der Stadt. Es wurde erst 1953/54 erbaut, ja, wirklich. Wissen Sie, Görlitz hatte großes Glück im 2.Weltkrieg, nur ganz wenige Bomben fielen hier, eine dorthin, an diese Ecke. Und als Ersatz wurde dann dieses Haus gebaut. Passt sich großartig an, nicht wahr? Die alte Apotheke ist damals allerdings leider mit weggebombt worden, und mit ihr auch die Figur des Klötzelmönches, aber der Kopf der wartenden Mutter ist noch immer in der Fleischerstraße zu sehen.

Was allerdings den unterirdischen Gang bis zur Landeskrone betrifft, na ja, also ich glaube da nicht so recht daran, obwohl ...

Vielleicht fängt mal einer dort unter der Stadt an zu buddeln, wer weiß, was da so alles zum Vorschein käme ...

Wissen Sie, es gibt da noch eine andere Sage, recht hübsch und nicht so schauerlich, sie hat sowohl was mit der Landeskrone zu tun, als auch mit der Oberkirche. Kommen Sie doch bitte mal hierher zu diesem Fenster und schauen Sie mehr nach Westen, dort drüben, sehen Sie? Dieser breitgezogene Berg mit den zwei Gipfeln, das ist die **Landeskrone,** der Görlitzer Hausberg, ein Wahrzeichen der Stadt. Etwa 420 Meter hebt sie ihr - nein, besser ihre beiden stolzen Häupter über den Meeresspiegel empor. Entstanden ist sie vor sehr langer Zeit, als es unter der Erdoberfläche noch kräftig blubberte und brodelte, ja, damals hätten wir wahrscheinlich hier nicht so ruhig stehen können. Sie ist solide gebaut, die gute oale Landesmitze, ganz aus Basalt, fest und unerschütterlich, aber in ihr drin ist noch gewaltig viel Leben, viel Temperament, wie die Geschichte gleich zeigen wird. Ganz in ihrer Nähe verläuft die B6, vielleicht dort, wo sich schon in alten Zeiten der berühmte ost - westliche Handelsweg entlang zog, immer schön im Blickfeld der Raubritter auf der Landeskrone; oben auf dem Berg war damals eine Burg, ein richtiges Raubritternest. Da standen die dann auf ihrem Turm und sahen schon von weitem, wie sich ihre Beute auf die Stadt zu bewegte. Und ehe die Wagen die schützenden Stadtmauern erreichten, schlugen die Raubritter zu. Diese gefährlichen, zügellosen Herrschaften sind natürlich lange verschwunden, geblieben aber ist eine geheimnisvolle Schöne, die Herrin des Berges, Frau Landeskrone. Und von ihr will ich jetzt erzählen.

Frau Landskrone und die übermütigen Zecher

An der Decke der St.- Barbara- Kapelle in der Ober- oder Dreifaltigkeitskirche kann der aufmerksame Betrachter dort, wo die Rippe des Kreuzgewölbes auf die Säule trifft, mehrere musizierende Figuren sowie vier Köpfe, drei Männer und eine Frau, bemerken. Einer von ihnen, der rechte Kopf auf der Ostseite der Kapelle, hat offensichtlich etwas im Munde. In älteren Aufzeichnungen heißt es, es handle sich dabei um einen Quarg.

Dieses Wort steht nicht im Duden, dafür aber „Quargel", der süddeutsche Begriff für einen Handkäse, sicher ähnlich wie die kleinen runden Harzer Käse. Und deshalb sollte man annehmen, dass ein solcher gemeint ist. Warum die Figuren gerade an der Decke dieser Kirche ihren Platz fanden, ist unbekannt. Bekannt dagegen ist eine Geschichte, an die diese Skulpturen erinnern sollen, und möglicherweise war der Bildhauer selbst bei dieser seltsamen Begebenheit dabei.

Einst wandert eine lustige und schon etwas beschwipste Gesellschaft hinauf auf die Landeskrone, um dort oben ein fröhliches Picknick zu veranstalten. Und wie das so ist, wenn man schon ein bisschen in die Flasche geguckt hat - leise waren sie dabei nicht gerade, so dass die schöne Frau Landskrone, die Herrin des Görlitzer Hausberges, dadurch aus ihrem Nachmittagsschlummer geweckt wurde. Ein wenig verwundert sah sie sich die Gesellschaft an, die da auf den Berg hinaufkraxelte. Die lustigen Leute wanderten weiter, es ging ziemlich steil nach oben, den Stufenweg gab es damals noch nicht. Also schnauften sie nach kurzer Zeit schon ganz schön und beschlossen, eine erste Rast einzulegen. Sie lagerten auf einer kleinen Wiese, aßen von dem, was sie in großen Körben mitgebracht hatten, sie musizierten und nahmen wiederum einige kräftige Schlucke aus den Weinkruken. Sie lachten und scherzten, und dann meinte der Bärtige, der gerade in einen Käse biss, der sei so gut, dass er bis zum Gipfel noch drei weitere verschlingen werde, ohne sie zu zerkauen. Den ersten stecke er sich sogleich in den Mund, er kommentierte das auch, doch man hörte nur so etwas wie „quarg-quarg-quarg", vielleicht hat die Käsesorte davon ihren Namen bekommen. Das Ergebnis seiner Sprechbemühungen mit vollem Mund führte nun aber zu einem riesigen Gelächter in der fröhlichen Runde. Frau Landskrone hatte ihnen gelauscht, sie schmunzelte, denn sie mochte Musik und fröhliche Leute. Wenngleich sie auch ein bisschen den

Kopf schüttelte: Soviel Unvernunft aber auch, einen ganzen Käse verschlingen zu wollen!

Weiter ging es nach oben. Die Proviantkörbe waren schon ein bisschen leichter geworden, die Beine aber schwerer, kein Wunder auch, denn die Weinkruken hatten bereits etliches von ihrem Inhalt hergeben müssen, was dann zu noch größerer Lautstärke führte. Frau Landskrone runzelte schon etwas die Stirn, aber noch war sie ruhig und tat nichts, schließlich war sie ja auch nicht gerade ein Kind von Traurigkeit. Allerdings - gefallen konnte es ihr nicht, dass die Leute so einen Krach machten, das Gejohle war mittlerweile lauter als die Musik.

Die Zeit verging, und je länger man dort auf dieser Wiese lagerte, desto tiefer wurden die Falten auf Frau Landskrones Stirn. Nein, es gefiel ihr nicht, ganz und gar nicht, diese Leute störten nicht nur sie, sondern auch ihre Singvögel, sie verschreckten die Tiere und zertrampelten ihre geliebten Blumen.

Doch ein kleines Restchen Geduld war dann doch noch vorhanden, die Leute da wollten sie schließlich nicht absichtlich ärgern, und so gelang es ihr trotz allem, ihnen zu verzeihen, wenn es auch schwer fiel.

Nach einer Weile brach die Gesellschaft auf, nachdem der Mann mit dem Bart sich den zweiten Käse einverleibt hatte, was ihm doch einige Anstrengungen verursachte, und es bedurfte schon etlicher Schlucke aus einer der Kruken, bis der Quarg heruntergewürgt war.

Ganz rot wurde der Bärtige dabei im Gesicht.

Sie stapften durch das rascheltrockene Laub dieses ungewöhnlich warmen Herbsttages, torkelten hin und her, und manch einer fand sich schon mal auf allen Vieren wieder.

Beim nächsten Halt war die Stimmung auf ihrem Höhepunkt. Sie waren nun dem Gipfel schon sehr nahe und einer der Kruken bereits leer. Die Dämmerung war hereingebrochen, es war Herbst, die Tage waren kürzer. Und da den arg bezechten Leuten nun das Klettern immer schwerer fiel, beschlossen sie, nicht mehr weiter nach oben zu steigen, sondern hier zu lagern.

Frau Landkrone hatte das mit Sorge beobachtet; es sah so aus, als würde sie diese Störenfriede nicht so schnell wieder los.

Die wanderlustigen Zecher setzten sich unter die Bäume, einer fiedelte auf der Geige herum, dann fielen Zither und Harfe ein. Doch bald war da noch ein anderes Geräusch, viel leiser: Ssssssssssss- sssss - die Mücken hatten ihre Opfer entdeckt und wurden immer lästiger. Aus dem lautstarken, beschwipsten Musizieren wurde bald ein ärgerliches Umsichschlagen. Nein, so konnte das nicht weitergehen. Sie suchten sich trockenes Reisig, einer der Männer zog Zunder, Stahl und Stein aus der Tasche und versuchte, ein Feuer zu entfachen, dessen Rauch die Plagegeister verscheuchen sollte.

Frau Landskrone hatte mit immer tiefer werdenden Stirnrunzeln das bisherige Tun beobachtet, doch als sie bemerkte, was nun geschehen sollte, war sie außer sich: Die mussten doch verrückt geworden sein, mitten im Wald ein Feuer anzünden zu wollen, bei der Trockenheit! Die fackelten ihr hier noch ihren Wald ab oder brannten ihr zumindest ein Loch ins Kleid! Nein, was zuviel war, war zuviel! Sie nahm einen riesengroßen Reisigbesen, und ehe der erste Funke das Werk erreichte, fegte sie die ganze berauschte Gesellschaft mitsamt ihren Körben und Kruken, mit Geige und Zither und Trommel und Harfe holterdiepolter den Abhang hinunter, über Stock und Stein, immer abwärts ohne Halt.

Als sie endlich unten am Fuße des Berges eintrafen, blieben sie erst einmal da liegen, wo sie unfreiwilligerweise angekommen waren.

Und dann ging das große Jammern los, au weih, au weih, alle Knochen taten ihnen weh, überall waren Schrammen und Beulen und blaue Flecken. Die Harfe lag ein Stück weiter, die Saiten waren zerrissen, die Geige hatte einen Steg verloren, und die Trommel war ganz weg - später fand man sie, ein dürrer Aststumpf hat sie aufgespießt.

Am schlimmsten war es dem Mann mit Bart ergangen. Er brauchte lange, bis er wieder zu sich kam, denn er hatte gerade, als Frau Landskrone den Besen ansetzte, den dritten Quarg in den Mund gesteckt und war mit diesem Pfropf im Halse den ganzen Berg hinuntergerollt, ohne richtig atmen zu können. Als er sich endlich aufgerappelt hatte, schimpfte er lauthals: „Du verflixte oale Landesmitze, bies nit gar so goarschtig!"

Und seitdem heißt dieser Görlitzer Stadtteil Biesnitz.

Auch heutzutage erklimmen viele lustige Gesellschaften den Görlitzer Berg, die meisten friedlich und gesittet, so dass Frau Landskrone sich nicht gestört fühlt. Wenn die Leute aber mit ihren Stinkekisten auf Rädern ankommen, ist sie schon ein bisschen ärgerlich, und vielleicht hat sie eines Tages genug davon und macht dem Treiben auf eine ihr eigene Weise ein Ende. Schließlich steht sie nicht auf Benzingestank, sondern mag frisch-grüne und blumige Duftnoten. Falls es aber gar einer wagen sollte, herumzukokeln, dann - ja, dann muss er damit rechnen, dass sie wieder zum Besen greift. Denn: Welche Frau

lässt sich schon von irgendwelchen Trotteln ihr schönes Kleid ruinieren, nicht wahr?

Waagemeister Andreas Alert; Konsolfigur an der alten Stadtwaage auf dem Untermarkt, um 1600

Das ist Vage? Na ja, für den Namen des Stadtteiles Biesnitz gibt es auch noch eine andere Deutung, er soll slawischen Ursprungs sein, denn hier an der Neiße siedelten einst die Slawen. Aber wer weiß - ich halte das für ein Gerücht und glaube felsenfest, gewissermaßen basaltfelsenfest, an die Sache mit dem Mann und dem Quarg und an seinen Ausspruch. Sie doch auch, nicht wahr? Na bitte, dachte ich mir`s doch ...

Es gibt da übrigens noch eine nette Geschichte, mit viel Liebe und so, nämlich als ... Halt, nein, die erzähle ich Ihnen später, vielleicht, wenn noch genug Zeit ist, jetzt bleiben wir noch ein bisschen in der Altstadt. Sehen Sie doch bitte einmal etwas nach links, ja, durch dieses Fenster vielleicht, das ist gut. Dort verläuft, parallel zum Obermarkt und seiner Weiterführung über Brüderstraße, Untermarkt und Neißstraße hinunter zum Fluss, eine weitere, die Langenstraße, vielleicht so benannt, weil sie für die damalige kleine Siedlung Görlitz sehr lang war. Da unten, wo der Turm ist, werden beide Straßen durch einen größeren Gebäudekomplex verbunden, **das alte und das neue Rathaus, das Archiv und die Münze.** Der nördlichste Teil davon, das neue Rathaus, sieht zwar so aus, als wäre es in derselben Zeit wie seine Nachbarn entstanden, wurde aber auch erst vor reichlich 100 Jahren, also so um 1902/03, gebaut. Neorenaissance nennt man diesen Stil. Von uns aus hinter diesem Komplex liegt der **Untermarkt,** in dessen Mitte so ein merkwürdiger, aber schöner und alter „Block“ steht, der **„Die Zeile“** genannt wird. Dort befand sich einst die Stadtwaage, Sie erinnern sich doch, wo damals dieser Handwerksbursche vorbei musste, ja genau, der dann in der Kirche eingeschlossen wurde; und links von „Der Zeile“, in dieser von Ost nach West verlaufenden Häuserreihe, wird unter Garantie bei jeder Stadtführung angehalten, denn dort gibt es ein ganz besonderes, viele hundert Jahre altes Telefon. Ich flunkere wieder, meinen Sie? Nein, nein, das hat schon seine Richtigkeit. Nun ja, Hörer und Wählscheibe oder Tastatur werden Sie vergeblich suchen, aber das „Gerät“ funktioniert auf jeden Fall störungsfrei! Über der Haustür hat der Architekt nämlich als Schmuckelement eine etwa halbkreisförmige Hohlkehle angebracht, die den ganzen Eingang überspannt. Die beiden Enden sollen, so hat es mir mal einer erklärt, identisch sein mit den Brennpunkten einer Ellipse. Wenn zwei Leute auf die beiden Steine rechts und links von der Tür steigen und in diese Hohlkehle hineinflüstern bzw. -horchen, kann von einer Seite zur anderen eine ganz persönliche Nachricht übermittelt werden, die nur der andere und sonst keiner hört. Sehen Sie, junger Mann, wenn Sie mal Krach haben mit Ihrer Herzallerliebsten, soll ja überall mal vorkommen, dann laden Sie sie einfach zu einem Ausflug nach Görlitz ein und sagen Sie ihr per **Flüsterbogen** etwas besonders Nettes ins Ohr - wirkt garantiert!

Ein paar Schritte weiter nach Osten, an der Ecke zur Peterstraße, stehen Sie dann vor der um 1550 von Zacharias Scultetus erbauten ehemaligen **Ratsapotheke** mit doppelter **Sonnenuhr und Hanetarium,** die damals, im Mittelalter so ungefähr dieselbe Funktion hatte wie heute die Normaluhr auf dem Demianiplatz - vorausgesetzt, die Sonne schien. Solange es also keine Turmuhren gab, hatten die Ratsherren bei Regenwetter immer eine sehr gute Ausrede für ihr Zuspätkommen...

Nach Süden zu ziehen sich dort an den Häusern Arkaden entlang, die so genannten **Hirschläuben** mit dem Gasthof „Brauner Hirsch", wo einst Goethe genächtigt haben soll, und rechts können Sie die **Langen Läuben oder Tuchläuben** sehen; sie waren so etwas Ähnliches wie mittelalterliche Gewerbecenter, nur wurde damals nicht so viel Natur zubetoniert wegen der Bauerei ...

Zwischen ihnen, sehen Sie, dort rechts, führt die Neißstraße bergab zum Fluss. Das große Renaissancehaus an der Ecke, **Neißstraße 30,** ist heute ein Museum und beherbergt u.a. die berühmte, 1779 gegründeten **Oberlausitzische Bibliothek der Wissenschaften** mit ihren etwa 110 000 Büchern, Karten usw. über Görlitz und die Region. Jährlich wird sie von 1000 und mehr Interessenten für berufliche oder private Zwecke „ausgebeutet". Unbedingt ansehen sollten Sie sich das **„Biblische Haus"** ein Stückchen weiter unten. An seiner Fassade wird die biblische Geschichte in beeindruckenden Sandsteinreliefs erzählt. Es wurde in den Jahren 1999 bis 2004 umfassend saniert. Durch die ziemlich steil abfallende Straße kommen wir hinunter bis an die Neiße, wo sich im Mittelalter besonders die Berufsgruppen angesiedelt hatten, die Wasser für ihr Gewerbe brauchten, also Müller, Färber, Gerber usw. Bis dort weiter nach Süden zu verlief die alte Stadtmauer, die von zahlreichen Befestigungstürmchen gekrönt war, und dazu gehört auch die **„Ochsenbastei“,** zu deren Füßen sich heute eine gepflegte kleine Grünanlage hinzieht. Die Bastei wurde so genannt, weil durch das Stadttor, das sich damals dort befand, das Schlachtvieh in die Stadt hinein gebracht wurde, auf den so genannten Kuttelhof oder auf die Weide, heute Stadtpark. Mit der Ochsenbastei verbindet sich aber auch die romantische, tragisch endende Geschichte um den jungen **Schwedenfähnrich Hans Loest.** Er kam eigentlich aus Pommern und kämpfte während des 30jährigen Krieges unter dem berüchtigten Obristen Wancke. Wofür - das wusste der Fähnrich schließlich wohl genauso wenig wie auch die anderen Soldaten diesseits und jenseits der Stadtmauer. Er hatte sich in die hübsche Görlitzer Bürgerstochter Anna Margarete Gobius verliebt, und diese Zuneigung wurde, so erzählt man, in gleichem Maße erwidert. Bei einem heftigen Angriff der kaiserlich - sächsischen Truppen wurde er verwundet und war so für einen kurzen Moment nicht in der Lage, sich um die Verteidigung des ihm unterstehenden Mauerabschnittes zu kümmern; dadurch waren die gegnerischen Soldaten in die Stadt gelangt. Sie wurden zwar zurückgeschlagen, aber Loest wurde von den eigenen Leuten festgenommen, zum Tode verurteilt und wenige Tage danach auf Befehl des unnachgiebigen Hauptmanns Wancke an der Mauer des Franziskanerklosters hingerichtet. Das war am 22. August 1641, der junge Offizier war gerade 25 Jahre alt. Ja, so war das damals. Ein Schicksal von so vielen, denn für die Bürger der Stadt war es eigentlich egal, wer die Stadt belagerte oder wer sie verteidigte, für sie brachte jeder Krieg nur Ausplünderung, Seuchen, Brandschatzung, Vergewaltigungen, Not und Elend …

Doch nun werde ich Ihnen etwas Lustigeres erzählen, das auch mit der Neißstraße zu tun hat. Da unten an dieser kleinen Kreuzung, rechts an der Ecke zur Kränzelstraße, sind in Höhe der 1. Etage zwei steinerne Männer zu sehen, ein älterer und ein jüngerer, die einen Krug zwischen sich halten. Was dieses Relief auf sich hat, davon erzählt wieder eine alte Geschichte, und in der geht es um Bier. In Görlitz trinkt man nämlich gerne Bier, und das hat seinen Grund. Die Bierbrauerei hat in unserer Stadt schon eine jahrhundertealte Tradition; in den Häusern rund um den Untermarkt herum wurde nicht nur mit Tuchen gehandelt, sondern in jedem zweiten Haus auch Bier gebraut, über den eigenen Bedarf hinaus. Ja, wirklich, jeder braute sein eigenes Bier, etwa 110 brauberechtigte Familien gab es um 1500 in Görlitz und jeder schwor natürlich darauf, dass seins das Beste war. Das Recht auf den Handel mit Bier war der Stadt so wichtig, dass die Görlitzer mit den Zittauern sogar einen erbitterten, aber erfolgreichen „Bierkrieg" führten, in dem sie sich die Köpfe blutig schlugen. Nun ja, das kennt man ja, wenn es ums Geld geht, sind eben alle Mittel recht. Heute gibt es in Görlitz nur eine ortsansässige Brauerei, dafür ist das Bier weit über die Stadtgrenze hinaus bekannt geworden, und das zu Recht. Natürlich wird jetzt nach Deutschem Reinheitsgebot gebraut, deshalb schmeckt das Blonde so gut, und das Schwarze auch. Schon im Mittelalter gab es zwar bereits bestimmte Vorschriften, aber wie das so allgemein ist mit deren Einhaltung, auch heute, das kennen wir ja. Und deshalb mag durchaus mitunter der oder jener schon mal Sehnsucht gehabt haben nach dem berühmten böhmischen Bier, einer echten „Bückdichware" in den damaligen Zeiten. Weil man ja das viel höher schätzt, was man nicht haben kann, stimmt`s? Das mag auch die Ursache für die absonderliche Reise zweier Görlitzer Männer gewesen sein, von der man sich erzählt.

Bild S. 46:	*Die Rathaustreppe mit der Justitiasäule*
Bild S. 57:	*Der Turm des Görlitzer Rathauses mit seinen beiden Uhren und dem Löwen (in der Niesche über den Uhren)*
Bild S. 58 oben li.:	*Dieser braune Hirsch weist auf die nach ihm benannte Gaststätte Untermarkt/Ecke Neißstraße hin*
Bild S. 58 ob. mi.:	*Immer wieder grüßen die Zwillingstürme der Peterskirche hoch über der Neiße*
Bild S. 58 ob. re.:	*Der „Schönhof" gegenüber der Rathaustreppe ist das älteste und vielleicht auch das schönste deutsche Bürgerhaus der Renaissance*
Bild S. 58 unten:	*Blick über den Untermarkt auf die Waage, die ehemalige Ratsapotheke und die Türme der Peterskirche*

GALERIE
-AM-
SCHÖNHOF

Galerie

Zu den Bildern:

S. 59: Ob sie nachts heimlich miteinander ...? Justitia (rechts) und „Gabeljürge" (links, Neptunbrunnen am Untermarkt)

Durchblicke:

S. 71: Von den Arkaden am Rathaus auf den Nikolaiturm, den „Nickel"
S. 72 li.: ... durch das Finstertor, hinter dem einst der Scharfrichter wohnte
S. 72 re.: ... durch die Krebsgasse im Spiel von Licht und Schatten
S. 73: ... durch einen Torbogen auf die Peterskirche
S. 74: Über der malerischen Nikolaivorstadt erhebt sich die Nikolaikirche
S. 75: Am Neißeufer befindet sich der Eingang zur Ochsenbastei, einer Grünanlage zwischen den Stadtmauern
S. 76 re.: Der berühmte Gelehrte Jakob Böhme (1575 - 1624) war in Görlitz zu Hause - Denkmal im Stadtpark
S. 76 li. ob.: Die zwei Männer mit dem Krug, Neißstraße/Ecke Kränzelstraße
S. 76 li. un.: Wighaus auf der Stadtmauer
S. 77: Kloster St. Marienthal in Ostritz

Die Sage von den zwei Männern mit dem Krug

Bei einem Altstadtbummel kann man nicht nur Interessantes sehen, sondern wird manchmal auch von anderen „beobachtet“, zum Beispiel von zwei steinernen Männern, die direkt an der Ecke zur Kränzelstraße aus dem ersten Stock herabblicken. Sie sind unterschiedlichen Alters und halten einen großen, offensichtlich schweren und deshalb wahrscheinlich bis zum Rand gefüllten Krug fest.

Die Deutung der Gruppe ist unterschiedlich. Hier sei einmal ein Gasthaus gewesen, sagen die einen, und das Relief sei so was wie ein Zunftzeichen oder, mit heutigen Worten, ein Reklameschild. Letztere ist sicher eine recht nahe liegende Erklärung. Durch diese Straße kamen die Fuhrwerke oder Wanderer, nachdem sie die Neiße überquerten, in die Stadt, hungrig, durstig, müde, aber auch glücklich, ihr Ziel erreicht zu haben; sie zog es sicher zunächst einmal in ein Wirtshaus, um sich zu stärken und eine Bleibe für die Nacht zu finden, und ein solches könnte sich also dort durchaus befunden haben.

Andere wiederum schwören darauf, der Krug solle anzeigen wie hoch die Neiße bei einem gewaltigen Hochwasser angestiegen sein soll; die Männer demonstrieren, dass sie das Wasser aus der Höhe des ersten Stockes aus dem Fluss schöpfen konnten. Wer weiß – es gibt viele Erklärungen.

Die hübscheste aber ist gewiss folgende:

Die beiden Männer, möglicherweise sogar Vater und Sohn, waren wohl öfter in der Kneipe, als es den Ehefrauen lieb war. Kann sein, sie gehörten auch zu denen, derentwegen die Uhr des „Mönchs“, des Turmes der Franziskanerkirche, extra sieben Minuten eher schlug als alle anderen, um ihnen Gelegenheit zu geben, noch rasch vor Mitternacht zu Hause anzukommen und damit eventuell dem ehelichen Gewitter zu entgehen.

Vielleicht half aber selbst die Kirchturmuhr nicht mehr, es wurde immer später oder auch früher, je nachdem, von wo aus man die Sache betrachtet; demzufolge erwartete die beiden jeden Abend - besser jeden Morgen – zu Hause ein handfester Krach, und der kann auf die Dauer schon recht lästig werden, besonders wenn keine Besserung in Sicht ist, weil die Sünder ja auch nicht die Absicht haben, sich zu bessern ...

Eines frühen Morgens war es nun ganz besonders schlimm, demzufolge war auch die Angst vor den sicheren Folgen besonders groß. Nein, an diesem Tag trauten sich die beiden Männer nicht nach Hause, da blieb nur eines – ausreißen. Also machten sich die beiden Männer auf den Weg, den in die entgegengesetzte Richtung, über die Neiße und dann nach Süden zu, ins Böhmische. Dort sollte es, vertraute man den Berichten der Wanderer und Händler, die über die alte Handelsstraße die Stadt Görlitz erreichten, ein ganz besonderes Bier geben.

Der Weg war lang, der Durst groß, aber auch der längste Weg hat einmal ein Ende. Endlich angekommen, ließen es sich die beiden erst einmal für eine ganze Weile recht gut gehen.

Doch mit der Zeit stellten sie fest, dass das dortige Bier auf die Dauer nun doch nicht so viel anders als zu Hause schmeckte, und das Reisegeld wurde außerdem auch langsam knapp. Und da war noch etwas: Auf einmal merkten sie, dass ihnen etwas fehlte – keiner schimpfte, wenn sie nach Hause kamen, nun, darauf hätten sie schon weiterhin verzichten wollen, aber – es wartete auch keiner auf sie. Sie hatten einfach Sehnsucht nach Zuhause und nach ihren Frauen.

Nur, wie würde wohl der Empfang dort sein? Das schlechte Gewissen plagte sie und ließ sie nicht schlafen. Da mussten sie sich wohl etwas einfallen lassen …

Eines Tages machten sie sich dann tatsächlich wieder auf den Heimweg, und damit nun der Empfang zu Hause nicht gar zu schmerzhaft wurde, hatten sie vom letzten Geld etwas ganz Besonderes für ihre Frauen gekauft – einen großen Krug mit böhmischem Bier.

Nun ist dass vielleicht nichts Besonderes, aber: Es war ein weiter Weg, es war Sommer und mächtig heiß, sie aber schafften es tatsächlich, den schweren Krug bis nach Hause zu schleppen, und das, ohne den Inhalt anzurühren! Geradezu heldenhaft widerstanden sie jeglicher Versuchung, und das Gefäß war gefüllt bis zum Rand, als sie in Görlitz ankamen.

Was die besorgten und begreiflicherweise auch vergnatzten Ehefrauen betrifft - nun, was sollten sie angesichts solchen beinahe heldenhaften Widerstandes gegen den immer vorhandenen Durst anderes machen, als ihren Männern zu verzeihen?

Sie taten es, und das gründlich. Nicht nur bei einem kräftigen Schluck böhmischen Bieres. Und somit war gesichert, dass der Durst und der Appetit auf ein gutes Görlitzer Bier auch entsprechend weiter vererbt werden konnten.

Ja, vielleicht bin ich auch so ein Nachkomme, ein gutes Görlitzer Bier trinke ich jedenfalls recht gerne mal.

Hm, da wäre noch ein Rat an alle Männer, ja, ja, auch an Sie, mein Herr: Wenn Sie mal am Haus Neißstraße 23 vorbeikommen, sehen Sie sich den jüngeren Mann genau an. Er schmunzelt normalerweise. Und wenn er dann auch noch mit dem linken Auge zwinkert, ist alles in Ordnung. Wenn er das aber nicht tut, ist das ein ernstes Signal; da sollten Sie mal überlegen, wann Sie Ihrer Ehefrau oder Herzallerliebsten, was hoffentlich ein- und dasselbe ist, wann Sie ihr also zuletzt etwas Hübsches mitgebracht haben und ob Sie das nicht schnellstens wieder einmal tun sollten. Es muss ja nicht unbedingt ein Krug Bier sein ...

Ja, so war das also mit den beiden Männern und dem Krug. Aber Sie, meine Damen, sind durchaus auch angesprochen. Wenn Sie Ihren Männern heute ein oder zwei Flaschen gutes Görlitzer Bier mitbringen, wird es bestimmt ein sehr schöner Abend, meinen Sie nicht auch?

Da fällt mir übrigens noch eine kleine Geschichte ein. Ich hatte Ihnen doch vom Pfarrer Behem oder Beheim erzählt und seinem Zoff mit der Görlitzer Obrigkeit, bei dem es ums Bier ging, nicht wahr? Ja, genau, der auf den Bildtafeln des Marienaltares in der Dreifaltigkeitskirche. Das war ein kleines, aber verbissenes Scharmützel innerhalb der Stadt. Es gab aber auch, wie ich schon andeutete, einmal einen richtigen Krieg wegen des Bieres, und zwar zwischen Görlitz und Zittau, einem der Bündnispartner im Sechsstädtebund, und davon erzähle ich ihnen jetzt doch noch, ist nämlich `ne recht hübsche Geschichte.

Konsolfigur an der Waage, um 1600

Der Bierkrieg zwischen Görlitz und Zittau

Dass man nach dem soundsovielten Bier in einem Lokal schon mal ins streiten kommen kann und dieser Streit oft in eine handfeste Prügelei ausartet, ist allgemein bekannt. Dass man erst streitet, und dann fließt das Bier in Strömen, und aus dem Streit wird ein regelrechter lokaler Krieg - das ist schon etwas Besonderes, wenn nicht gar Einmaliges. So jedoch geschehen im Jahre 1491 in der Nähe der Stadt Ostritz.

Im Jahre 1346 war zwischen den Städten Görlitz, Lauban, Kamenz, Bautzen, Zittau und Löbau ein Schutz- und Trutzbündnis geschlossen worden - der Sechsstädtebund - der die reichgewordenen Städte gegen die Überfälle und Plünderungen durch die Raubritter auf den umliegenden Burgen, u.a. auch der Landeskrone, schützen sollte.

Die Stärke dieses Bündnisses lag in seiner Einigkeit, und die war im Jahre 1491 arg ins Wanken gekommen - eben wegen des Bieres. Jede Stadt braute ihre eigenen Biere, genauer, die dort ansässigen Reichen besaßen dieses Recht, in Görlitz waren es vor allem die so genannten Geschlechter, vorwiegend reiche Tuchhändler, die ihrem Reichtum auch mal durch eine eheliche Verbindung mit dem niederen Adel gewissermaßen zu größerem Glanz verhelfen wollten - was tut man nicht alles der Machtgier und Eitelkeit willen. An einem bestimmten Wochentag wurde überall gebraut. Vielleicht hat auch der Görlitzer Ausrufer die Bürger am Tag vor dem Ereignis mit Sprüchlein wie diesem „Es wird hiermit bekannt gemacht, dass keiner in die Bache macht, denn morgen wird gebraut!" vor unüberlegtem Handeln gewarnt und somit bereits damals für eine Art Reinheitsgebot gesorgt. An den nachfolgenden Tagen wurde dann in den Vorhallen der Bürgerhäuser, vor allem rund um den Untermarkt, Bier ausgeschenkt; man saß in der kühlen Halle auf gemauerten „Stühlen" oder am Eichentisch und ließ es sich munden.

Was für die Bürger angenehm war, war für die brauenden Tuchhändler ein ökonomisches Muss - der Handel mit dem Bier. Und da hat sich bei den Methoden bis heute absolut nichts geändert - Konkurrenz wurde gnadenlos bekämpft, so oder so. Die Görlitzer hatten es erst einmal auf die anscheinend sanfte Tour „von oben" versucht. Nach intensivem Bemühen erreichten sie, dass ein kaiserlicher Erlass in der zweiten Hälfte des 14. Jahrhunderts allen Brauern von außerhalb der Stadt verbot, im Umkreis von Görlitz ihr Bier zu verkaufen. Das passte der Konkurrenz natürlich nicht, man hielt sich einfach nicht daran. Die Görlitzer sandten deshalb Kommandos aus, die das fremde Bier in den umliegenden Kneipen beschlagnahmten, sehr zum Missfallen der entsprechenden Brauer. Die Zittauer aber hatten 1414 von König Wenzel IV. das Privileg erhalten, dass alle Sechsstädte die Einfuhr des Zittauer Bieres ohne Zollerhebung zu dulden hätten. Der Görlitzer Rat beschloss aber 1488 nochmals inder Stadt keinerlei fremdes Bier auszuschenken zu lassen Als die Zittauer wieder einmal mit einer großen Bierfuhre auf dem Weg nach Görlitz waren, überfiel ein Görlitzer Außenteam diese in der Nähe von Ostritz, man sagt, etwa oberhalb des Klosters, und zerstörte die Fässer, so dass das kostbare Nass völlig nutzlos im Erdboden versickerte. Manche sagen, seitdem gebe es dort die besten Angelwürmer, weil diese noch heute einen Dauerschwips hätten ...

Eines der Fässchen soll übrigens das Weite gesucht haben, es rollte den Berg hinunter und gelangte auf wundersame Weise bis in den Klosterhof, sehr zur Freude der dort beheimateten Nönnlein. Die sollen noch lange täglich um Nachschub für dieses „flüssige Brot“ gebetet haben, aber das „Wunder von oben“ hat sich wohl nie wiederholt.

Für die Görlitzer aber war das Problem durch diese Aktion nicht gelöst. Die Zittauer schickten zunächst den Fehdebrief, dann überfielen sie Dörfer im Umkreis von Görlitz, raubten sie aus und misshandelten die Bewohner. Und so hatten vor allem die am Geldstreben der reichen Tuchhändlerfamilien unbeteiligten kleinen Leute auszubaden, was die Großen eingebrockt hatten.

Die Görlitzer Brauherren machten nun mobil, sie sandten Truppen aus, die gegebenenfalls den Zittauern den Weg verlegen sollten. Doch sie versuchten es zugleich auf dem Wege der Diplomatie, denn die Mauern des Einheitsgebäudes der sechs Städte drohte, böse Risse zu bekommen. Da schaltete sich der Landvogt ein, verurteilte die Verstöße der Zittauer und auferlegte ihnen eine erhebliche Geldbuße von 300 rheinischen Gulden.

Die Zittauer weigerten sich vehement und drohten damit aus dem Sechsstädtebund auszutreten. Um das zu verhindern zahlten die restlichen Bündnisstädte gemeinsam mit der Ritterschaft das Strafgeld.

Aus heutiger Erfahrung wäre durchaus denkbar, dass die Görlitzer diese Summe dem Landvogt überreichten, denn er hatte ihnen das ökonomisch so wichtige Bierverkaufs- Privileg gesichert. Eine Hand wäscht die andere ...

Na, dann prost - falls Sie gerade ein freundliches Görlitzer Bier in der Hand haben! Es ist gut, Ehrenwort!

OCHSENBASTEI

Ja, wirklich schade um das schöne Bier, das da bei Ostritz in der Erde versickert ist, nicht wahr?

So, nun gehen wir - in Gedanken natürlich - die Neißstraße wieder nach oben und kommen erneut auf dem Untermarkt mit seinen beeindruckenden Bauten an.

Doch auch unter der Erde gibt es Interessantes zu entdecken. Görlitz gehörte nämlich neben Rom, Köln und Straßburg zu den Städten in Europa, die als erste eine unterirdische Kanalisation besaßen. Ja, sie waren reinliche Bürger damals, die Görtitzer. Wenn man sich heute manchmal die Straßen so ansieht, überall Papier und Bierdosen ... Ach, bei Ihnen auch? Na ja, aber es soll anderswo auch anders gehen, habe ich mir erzählen lassen.

Mit dem Bauen in die Erde hinein hatten es die Görlitzer sowieso, denn viele Häuser, besonders hier um den Untermarkt herum, waren doppelt unterkellert. Zu DDR-Zeiten existierte dort rechts unter den **Langen Läuben** eine unterirdische Gaststätte, der „Wurzelkeller“, und darunter noch ein Tiefkeller, wo zum Beispiel Arbeitskollektive gern feierten und ihre Fleischmahlzeit am Spieß über offenem Feuer selbst grillten. Die Gaststätte war fast immer ausgebucht, sie gehörte zum Restaurant „Goldener Baum“, das zur Zeit leider geschlossen ist.

In viele Häuser kam man durch hohe Hallen, die wurden gebraucht, um die Fuhrwerke, welche Waren, Tuche zum Beispiel, holten oder brachten, in aller Ruhe ab- oder beladen zu können, denn schon damals war es nicht ratsam, die Fuhren nachts ungesichert auf der Straße stehen zu lassen. Im ersten Stock hatte man waagerechte Geländer, die eine ganz besondere Bewandtnis hatten: Man rollte die Stoffballen auf und ließ die Bahnen über das Geländer nach unten hängen, damit der Kunde Qualität und Muster genau prüfen konnte.

Dass es schon vor vielen hundert Jahren nachts auf den Görlitzer Straßen nicht ganz geheuer war, davon berichtet wieder eine andere Geschichte.

Liebespaar, Konsolköpfe an der alten Stadtwaage, um 1600

Die Sage von Gobius und dem Leichenwagen

Viele Sagen sind entstanden, weil es Menschen gab, die aus der Masse herausragten, die etwas ganz Besonderes waren, etwas Außergewöhnliches taten oder aber einfach nur anders aussahen und dadurch die Aufmerksamkeit anderer erregten und ihre Phantasie beschäftigten.

Eine solche Persönlichkeit war der einstige Görlitzer Stadtrichter Gregor Gobius, der von 1598 bis 1658 lebte und im Haus Peterstraße 13 gewohnt haben soll, das nach ihm das Gobiussche Haus genannt wurde. Eigentlich soll er Kopsch oder Gobsch geheißen haben, aber wie viele Gelehrte dieser Zeit „latinisierte" er seinen Namen - und so wurde er zu Gobius. Bei ihm waren es sicher vor allem seine Tätigkeiten, die ihn den Leuten ein bisschen unheimlich werden ließen. Er war nicht nur Stadtrichter, sondern auch Alchimist und stand in dem Rufe, ein Zauberer zu sein, der Gold machen könne.

Die ganze Stadt kannte ihn, das hatte er wohl auch seiner Vorliebe für besonders auffällige Kleidung zu verdanken, meist trug er einen knallroten Rock und immer eine riesige Perücke. Und, wie gesagt, wer anders ist, oder anders aussieht, der löst bei manchen Leuten mitunter ein bisschen Angst aus ...

Besonders schauerlich wurde es aber erst nach seinem Tode anno 1658. Mit ihm geschah dasselbe, was er bereit vorher mit seiner verstorbenen Frau getan hatte - er wurde einbalsamiert und dann auf dem Nikolaifriedhof begraben.

Möglicherweise hat er sich ganz gut gehalten, und vielleicht spukt er aus diesem Grunde noch heute durch die Straßen.

Doch zurück in die Vergangheit-

Es war also nach dem bewussten Jahre 1658, als die Bewohner einiger Straßen im alten Görlitz um Mitternacht ein unheimliches, rumpelndes Geräusch hörten, dazu das Klappern von Pferdehufen. Neugierig geworden schaute mancher aus dem Fenster - und dieser Blick hätte ihm beinahe das Leben gekostet.

Der Anblick dessen, was da vorbeirumpelte, machte, dass ihm die Haare zu Berge standen und ließ ihn gewiss nie mehr los, solange er lebte: Ein schwarz verhangener Leichenwagen rumpelte über das Kopfsteinpflaster, gezogen von schwarzen Pferden mit schwarzen Schabracken - und alle Pferde waren ohne Kopf. Begleitet wurde die schreckliche Fuhre von Männern, ganz in Schwarz, die ihren Kopf unter dem Arm trugen. Dieser Zug bewegte sich von der Frauenkirche aus durch das

Frauentor am Dicken Turm, durch die Steinstraße, Nonnenstraße, Brüderstraße bis zum Gobiusschem Haus in der Peterstraße 13, wo nun merkwürdigerweise ebenderselbe Gobius aus dem Fenster seinem eigenen Leichenzug zugesehen haben soll. Dann ging die Fahrt klappernd und rumpelnd weiter durch die Langenstraße, Breite Straße, Grüner Graben bis zum Nikolaifriedhof, wo Gobius begraben ist. Das Gitter an seiner Grabstelle ist übrigens das berühmte, an dem der Görlitzer Nachtschmied immer wieder gescheitert ist, bis ihn der Teufel holte. Der besagte letzte Ring soll, wie Sie wissen, bis heute fehlen, aber das ist nicht so ganz sicher, es müsste doch vielleicht erst einmal nachgeprüft werden. Anderen Überlieferungen nach soll Gobius, selbst, den Kopf unter dem Arm, seinen eigenen Leichenwagen kutschiert haben.

Wie auch immer - es ist sehr gefährlich, sich diesen schauerlichen Leichenzug ansehen zu wollen, der auch heute noch zumindest ab und zu durch die Görlitzer Straßen rumpeln soll ... Glück hat, wer um Mitternacht ein bisschen langsam aus den Federn kommt, denn dann sieht er, wie die meisten Leute, nur das Ende des Zuges. Wer aber gar zu schnell und gar zu neugierig ist und den ganzen Zug vorbeiziehen sieht, wer ihm sogar hinterherläuft, dem steht ein schlimmes, unabwendbares

Schicksal bevor: Noch im selben Jahr klopft der Sensenmann an seine Tür.

Was lehrt uns das?

1. Manchmal sind Schlaf oder auch andere Dinge, die man so im Bett tun kann, gesünder als Neugier.

2. Wenn Sie einmal am Gobiusschen Grab auf dem Nikolaifriedhof vorbeikommen, verkneifen Sie es sich bitte auf jeden Fall, in irgendeiner Weise über den dort Begrabenen zu spotten. Ein Gassenjunge soll dort einmal gerufen haben „Gob'sch, Gob'sch, komm heraus!" und daraufhin von einer unsichtbaren Hand aus dem Grabe eine fürchterliche Ohrfeige erhalten haben.

Und 3. Wenn Sie nach einem vergnüglich-feuchten Abend in einer Gaststätte vorsichtshalber mitten auf der Straße gehen - Sie wissen, unter Umständen sind die Gehwege manchmal sehr schmal - und plötzlich rattert und klappert etwas hinter Ihnen, dann sollten Sie besser hingucken und zur Seite springen. Denn es ist möglicherweise ungefährlicher, den Gobius zu erblicken als ein Auto über sich wegfahren zu lassen.

Oder doch nicht?

So, jetzt sind wir mit dem Blick fast wieder beim Rathausturm angekommen, doch zuvor noch etwas über das Haus direkt gegenüber, dem **„Schönhof“,** das älteste deutsche Renaissance-Bürgerhaus - und vielleicht auch das schönste, deshalb möglicherweise der Name; es wurde 1526 nach einem verheerenden Stadtbrand erbaut und 1999 bis 2005 für das heutige dort sitzende Schlesische Museum umfangreich rekonstruiert. Baumeister war kein anderer als der berühmte **Wendel Roskopf,** dem die Stadt u.a. auch die **Rathaustreppe 1537/38 mit der Justitia-Säule von 1591** und der schönen **Verkündigungskanzel** und andere Sehenswürdigkeiten verdankt. Von der Kanzel am Rathausturm aus gab der Rat den Görlitzer Bürgern bekannt, was er beschlossen hatte, und sicher war da manches dabei, was denen nicht so besonders gefiel; beispielsweise die Absicht, mal wieder eine neue Steuer erheben zu wollen. Falls Ihnen, meine Damen und Herren, das bekannt vorkommt, nun ja, an manchem hat sich bis heute nichts geändert, nur die Methoden der Verkündigung sind jetzt wohl ein bisschen anders ...

An der Wand neben dem Portal wurde 1488 ein **Steinwappen des ungarischen Königs Matthias Corvinus** angebracht, das Sie möglicherweise schon an anderer Stelle einmal gesehen haben - an einem alten Turm im Zentrum von Bautzen.

Unter der Kanzel ist dieses eigenartige kleine, offene Kämmerchen mit einer Steinbank zu sehen - das ist der **Pranger,** andere sagen, er sei um die Ecke vor dem Turm gewesen.

Wer also den Anordnungen des Bürgermeisters zuwider handelte, wurde dort angekettet und durfte von jedermann bespuckt werden. Nun, also, gespuckt wird heute nicht mehr ...

Und nun zur Justitia: Die Görlitzer Göttin der Gerechtigkeit ist nämlich etwas ganz Besonderes.

Gewöhnlich wird sie, wie bekannt, mit Waage und Schwert und darüber hinaus mit verbundenen Augen dargestellt, ja, achten Sie mal drauf, wenn Sie in eine andere Stadt kommen, das ist deshalb, damit sie gleichermaßen gerecht zu allen ist, unabhängig von Beziehungen und Bankkonto. Die Görlitzer Justitia hat diese Binde nicht. Vielleicht hatte der Bildhauer schlechte Erfahrungen in Sachen Gerechtigkeit gemacht oder gesammelt und meinte, die Göttin schiele in Görlitz sowieso unter der Binde hindurch, und deshalb könne man diese auch gleich weglassen ...

Es könnte aber auch einen ganz, ganz anderen Grund geben - Justitia hat sich die Binde selbst von den Augen genommen, und der scharfe Görlitzer Wind hat sie weggeweht bis in die Neiße. Denn: Im Blickfeld der steinernen Dame steht auf dem südlichen Teil des Untermarktes, dem Rathausturm gegenüber, ein gutgebauter, sehr sparsam bekleideter steinerner Meeresgott, Neptun, von den Görlitzern liebevoll **„Gabeljürge“** genannt, der mit seinem Dreizack den Brunnen unter ihm und das Wasser der Stadt behütet. Und der hat natürlich seinerseits seine Kollegin von der Rechtsabteilung immer im Blickfeld ... Rund um den Untermarkt gibt es nicht allzu viele Laternen, und die wenigen sind auch nicht gerade die hellsten. Wer weiß, was da im Dunkel so alles passiert, nicht wahr ...

Doch nun zum Höhepunkt dieses Platzes, dem **Rathausturm** selbst. Und auch hier zu wieder eine alte, aber zum Teil auch neue, auf jeden Fall aber, wie Sie gleich merken werden, recht eigenartige Geschichte.

Görlitz ist, wie ich Ihnen bereits erzählte, nicht nur die östlichste Stadt Deutschlands, sondern auch sehr alt; schon bereits vor fast 938 Jahren wurde sie als „villa gorelic“ erwähnt, und zwar in einer Urkunde des Kaisers Heinrich IV., mit der er die Schenkung von 8 Königshufen Land nebst dem darauf befindlichen Herrensitz an den Meißner Bischof bestätigte. Das Magdeburger Recht erhielt die Stadt Görlitz jedoch erst rund dreihundert Jahre später, das war im Jahre 1303, bestätigt.

Auf einmal waren die Görlitzer also Städter, und das wollten Sie nach außen hin auch zeigen. Zahlreiche Bauten entstanden danach, welche die neue Stellung demonstrieren sollten. Das waren auch solche, die Görlitz später einen weiteren charakterisierenden Beinamen geben sollten - Stadt der Türme.

Auch der Rathausturm gehört dazu, er ist der höchste und markanteste Teil des Rathauses, und das wiederum war das Zentrum der städtischen Macht. Erstmalig urkundlich erwähnt wurde er im Jahre 1369. Damals war er noch niedriger, später, zu Beginn des 16. Jahrhunderts, wurde er durch einen Aufbau mit achteckigem Grundriss auf etwa 60 Meter aufgestockt, und 1742/43 bekam der Turm dann noch eine Haube aufgesetzt.

Die Stadt wuchs, und mit ihr auch ihre Bedeutung. Das Rathaus wurde deshalb in den folgenden Jahrhunderten entsprechend ständig erweitert, die letzte bauliche Ergänzung erfuhr es in den Jahren 1902/ 03 mit dem nördlichsten Teil, dem so genannten „Neuen Rathaus".

Am interessantesten ist aber sicher der Turm selbst, dessen Restaurierung 1994 erfolgte. Mit ihm verbunden ist die 1537/38 durch Wendel Roskopf d.Ä. errichtete Rathaustreppe mit der Verkündigungskanzel, die 1591 durch die Justitiasäule ergänzt wurde, die ich Ihnen ja schon vorgestellt habe; sie ist das Wahrzeichen für die hohe Gerichtsbarkeit der Stadt. Besonders interessant sind die beiden Uhren am Turm sie stammen von Bartholomäus Scultetus; die obere zeigt u.a. die Mondphasen, die untere wurde im Jahre 1584 angebracht und war damals etwas Außergewöhnliches, weil sie nicht, wie bisher üblich, 24, sondern 12 Stunden anzeigte. Schade, dass Sie sie heute nicht sehen können, aber wenn Sie wieder einmal in unserer Stadt sind, sollten Sie sich die beiden Uhren unbedingt einmal ansehen. In ihrer Mitte schaut ein grimmiger Kriegerkopf aus dem Zifferblatt heraus, der rollt zu jeder vollen Minute mit den Augen, klappt seinen Unterkiefer herab und zeigt die Zunge. Etliche Meter darüber ist so eine kleine Nische, in der ein sehr gefährlicher goldener Löwe liegt, der zu jeder vollen Stunde „brüllt", ein geschickter Handwerker hat ihm nämlich einst einen Blasebalg eingebaut, und ein anderer hat diesen im Jahre 1593 dann sogar noch verstärkt. Der Löwe symbolisiert Böhmen, zu dem Görlitz mehrere Jahrhunderte gehörte.

Im Laufe der Zeit entstanden viele Sagen rund um den Rathausturm, und eine davon erzähle ich Ihnen jetzt.

Kopf des Nikodemus, Plastik in der Oberkirche, Ende des 15. Jh.

Die Sage vom schläfrigen Turmwächter und dem gefährlichen Löwen

Immer wieder wurde auch die Stadt Görlitz im Verlaufe ihrer Geschichte von Feinden angegriffen. In einem solchem Fall war es Aufgabe des Wächters auf dem Rathausturm, die Feuerglocke (den Seegern) zu läuten. Doch einmal wäre es fast zum Verhängnis gekommen, denn der Turmwächter bemerkte die anrückenden Söldner nicht – er schlief. Warum – ja, wer weiß das heute schon noch, vielleicht war er betrunken oder vom anrückenden Feind bestochen worden, vielleicht aber war er in dieser Nacht nicht allein auf dem Turm und hatte eine angenehmere Beschäftigung … Er schlief jedenfalls und bekam nichts mit von den nachfolgenden Ereignissen. Zum Glück war der Nachtwächter aufmerksam, und so konnte die Stadt gerettet werden.

Für den Turmwächter hatte allerdings die Sache noch ein sehr ernstes Nachspiel: Er wurde zum Tode verurteilt, und nur, weil er versprach, in Zukunft seinen Geist über die Stadt wachen zu lassen, wurde er geköpft und nicht gehenkt, denn gehenkt zu werden galt als schimpfliches Ende.

Sein Kopf soll nach der Hinrichtung im Turm eingemauert worden sein, aber er hat sich durch das Zifferblatt nach draußen gearbeitet und passt nun auf, wer ins Rathaus geht und was darin geschieht. Mittlerweile ist er einige hundert Jahre alt, hat viel gesehen und gehört und ist auch ein bisschen weise geworden. Um alle abzuschrecken, die der Stadt und ihren Bürgern Böses wollen, droht er mit rollenden Augen. Dabei öffnet er alle vollen Minuten seinen Mund und sagt etwas. Leider ist er aber von der rauen Witterung in Görlitz ständig heiser, so dass man seine Worte nicht verstehen kann. Wer irgendwann einmal herausbekommt, was der Turmwächter verkünden will, wird fortan die allerhöchste Achtung aller Görlitzer Bürger gewinnen.

Seitdem sieht man tagtäglich viele Leute am Fuße des Turmes stehen und lauschen und lauschen ...

Der Geist des Turmwächters schläft nicht, ganz klar, Geister können nun mal nicht schlafen, sie haben ja herumzugeistern, und das besonders um Mitternacht. Doch selbst wenn der Turmwärtergeist müde würde, wäre ihm der Schlaf sicher versagt. Denn zu jeder vollen Stunde brüllt ja der Löwe, und manchmal sogar zwischenzeitlich, wenn jemand die freundlichen Kolleginnen des Bürgerbüros im Rathaus sehr nett darum bittet.

Dabei war er viele Jahre lang gezwungen, ganz zu schweigen, denn nach seiner Restaurierung im Jahre 1593 war sein Gebrüll so „erschröcklich", wie man erzählt, dass die ehrbaren Bürgerfrauen es mit der Angst bekamen. In unserem Jahrhundert machte er sogar mit moderner Technik Bekanntschaft, da ihm ein später verloren gegangenes Stahlband mit der Stimme eines echten Löwen eingesetzt wurde. Nach seiner Wiederherstellung hieß es, wie Zeitzeugen berichten, in Görlitz: „So lange war der Löwe stumm, nun hört man wieder sein Gebrumm".

Zu Beginn der 1950er Jahre soll sich etwas ereignet haben, das bis heute großen Auswirkungen haben sollte; darüber berichtete E.W. Giese in einem 1955 erschienen Büchlein. Damals, so heißt es dort, brüllte der Löwe nur zu jeder vollen 12. Stunde, also zu Mittag und um Mitternacht, und sonst nie. Und damals gab es noch kein Bürgerbüro mit netten Kolleginnen.

Eine Berufsschulklasse aus Zittau hatte aber den dringenden Wunsch, die Stimme des Löwen zu hören, aber es war bereits nach 12 Uhr, und bis um Mitternacht wollten die jungen Leute nicht warten. Also versuchten sie es auf eine jahrhundertealte Weise, die auch heute noch üblich ist, wie wir wissen. Sie bestachen den „Löwen" mit einer Zigarette, denn das war damals eine besondere Kostbarkeit.

Heute würden sie mit einer einzigen Zigarette sicher kein Glück haben, jedenfalls nicht in Görlitz, wo Zigaretten stangenweise gehandelt werden. Und gewiss auch nicht, weil plötzlich alle Nichtraucher geworden sind. Doch damals klappte es - der Löwe brüllte, extra für die jungen Leute. Auf diese Weise hatte Görlitz schon vor rund 40 Jahren seine „Amigo- Affäre".

Seitdem wird erzählt, dass der Löwe dieses Geschenk sehr hüte. Wenn sich jemals einer daran vergreifen würde, hätte das katastrophale Folgen - der Löwe würde aus seiner Nische springen und in der Stadt und im ganzen Land umherlaufen. Und genau das wäre gefährlich, denn er würde jeden anfallen und bestrafen, der etwas verspricht und nicht hält, egal, ob es sich um eheliche Treue, die Rückzahlung von Geld oder die Zusage blühender Landschaften handelt. Seitdem wird einerseits der Zugang zum Löwen und seinem außergewöhnlichen Schatz strengstens bewacht, andererseits sollen manche Leute, die ständig im Rathaus aus- und eingehen, aber auch Gäste der Stadt den Weg am Turm vorbei meiden und lieber einen Umweg durch die Langenstraße machen ...

Ja, ja, so ist das also mit unserem Rathauslöwen. Aber Sie brauchen natürlich keinen Umweg machen, Sie halten Ihre Versprechen ja immer, nicht wahr?

So, und nun gehen wir gedanklich noch einmal ein Stückchen nach links. Nun sehen Sie bloß, wie das da draußen gießt, das will wohl überhaupt nicht mehr aufhören! Macht aber nichts, ich habe noch eine ganze Menge Geschichten auf Lager, wenn Sie möchten. Ja? Gut, dann wollen wir uns einmal diesen beiden schlanken, spitzen Türmen dort drüben zuwenden, sie gehören zur **Peterskirche,** von der ich Ihnen gleich erzählen werde. Doch zuerst - sehen Sie dieses große Haus, rechts neben der Kirche? Das ist das **Waid - oder Renthaus,** der älteste Profanbau der Stadt. Es diente über die Jahrhunderte hinweg den unterschiedlichsten Zwecken, u.a. befand sich dort eine Waidniederlassung, daher der Name. Waid ist eine Pflanze, aus der ein blaues Färbemittel gewonnen wurde. Lange Zeit galt diese Pflanze als so gut wie verschollen, doch nach ihrer Wiederentdeckung hat man erst in den letzten Jahren versucht, sie wieder zu kultivieren.

Waid trug wesentlich zum damaligen Reichtum von Görlitz bei, denn die Stadt besaß seit 1339 das außerordentlich begehrte Stapelrecht für die Färberpflanze. Diese kam aus dem Thüringischen, und wer mit seinem mit Waid hochbeladenen Fuhrwerk nach Osten wollte, musste, dem Haupthandelsweg folgend, durch Görlitz. Und was machten die Görlitzer kraft ihres Stapelrechtes? Sie entschieden wieviel von der

Ware in der Stadt zu bleiben hatte und was weiter transportiert werden durfte. Sie bestimmten also den Preis, verbrauchten aber andererseits selbst sehr viel von dem Waid, denn die Stadt war ein Zentrum der Tuchweberei.

Um 1530 hatte Görlitz bereits etwa 10000 Einwohner, darunter allein 239 Tuchmachermeister mit zahlreichen Gesellen, Lehrlingen und Hilfskräften. Noch bis Ende der 1980er Jahre gab es in der Stadt große Textilbetriebe, Bekleidungswerke mit mehreren tausend Werktätigen.

Rechts von der Kirche, der große helle Bau, das ist der so genannte **Vogtshof,** er wurde an der Stelle errichtet, an der einst die Burg stand, um die herum sich in grauen Vorzeiten die Stadt gebildet hat. Im 19. Jahrhundert war er ein Gefängnis, ab 1965 wurde er zu einem sicher nicht gerade alltäglichen Internat für die auswärtigen Studenten der Ingenieurschule für Elektrotechnik und Informationsverarbeitung, heute Hochschule für Technik, Wirtschaft und Sozialwesen. Unmittelbar unterhalb von Vogtshof und Kirche verläuft die doppelte Stadtmauer, und zwischen beiden Mauern befindet sich der **Nikolaizwinger,** eine schöne, gestaltete Grünanlage.

Doch nun erzähle ich Ihnen wirklich etwas über die Kirche.

Die Sage vom geistesgegenwärtigen Kupferdecker

Eine der wohl eindrucksvollsten Kirchen der Stadt Görlitz ist die am steilen Neißeufer hochaufragende St. Peter und Paul, kurz Peterskirche genannt. Sie entstand nach 1423 an der Stelle der um 1230 gebauten Pfarrkirche. Begonnen wurde mit der St.-Georgs-Kapelle, die heute als der wahrscheinlich schönste spätgotische Raum unserer Region gilt, erst danach entstand der fünfschiffige Hallenbau. Mehrere Restaurationen waren im Verlaufe der Geschichte erforderlich, die letzte erfolgte erst in den 1980er Jahren unseres Jahrhunderts, als die Kirche ihr vom Staub der Zeiten dunkel gewordenes Kleid ablegte und nun wieder hell und freundlich aus der denkmalgeschützten historischen Altstadt emporragt. 1997 wurde auch ihre berühmte Sonnenorgel restauriert. Bemerkenswert ist sicher die dicke leuchtendgrüne Patina auf den Kupferplatten, mit der der aggressive Industriesmog das Dach veredelt hat. In den 1970er Jahren wurden die Dachplatten ausgetauscht, eben dieser Patina wegen, die anderswo äußerst begehrt war und ist. Eine Erneuerung des Daches muss um das Jahr 1776 notwendig gewesen sein, darauf weist eine schon recht verwitterte Gedenktafel an der Mauer des Nikolaifriedhofes hin; sie erinnert an den tragischen Tod des 22 jährigen Kupferdeckers Franz Hesse, der bei der Arbeit auf dem Kirchendach das Gleichgewicht verlor und in die Tiefe stürzte. Auf diesen schlimmen Unfall bezieht sich auch die Sage vom geistesgegenwärtigen Kupferdecker.

Der 3. August des Jahres 1776 begann für die meisten Bürger wie ein ganz gewöhnlicher Hochsommertag, auch für den jungen Dachdecker Franz Hesse. Zusammen mit seinem Meister und dem Altgesellen arbeitete er auf dem Kupferdach der Peterskirche. Schon früh am Morgen hatten sie begonnen, inzwischen hatte die nahe Rathausuhr schon oftmals die volle Stunde geschlagen, jetzt war es am frühen Nachmittag, und die Sonne brannte unbarmherzig herab. Dicke Lappen waren um Franz Hesses Hände gewickelt, die Kupferbleche, die er nach oben weiterreichte, waren scharfkantig und glühendheiß von der Sonne. Laut dröhnten die Hammerschläge, und das würde noch lange so gehen, bis die Sonne drüben im Westen untergegangen war.

Franz stöhnte, vor den Augen flimmerte es, der Schweiß lief ihm über den Rücken und durchtränkte das grobe Leinen seines Hemdes. Er richtete sich einen Moment auf und ließ seinen

Blick über das Neißetal schweifen. Es war nicht so klar wie am Tag zuvor, das Gebirge im Süden und Südosten war nur zu erahnen. Der Fluss führte wenig Wasser, er schlängelte sich gemächlich zwischen den Häusern am Ufer durch und wandte sich weiter abwärts leicht nach Osten. Franz Hesse legte das Beil, mit dem er gerade gearbeitet hatte, für einen Moment aus der Hand und atmete tief durch. Schön war es hier oben, trotz der Hitze.

Direkt unter ihm war ein sehr wichtiges Haus, denn dort wohnte Gertrud, das hübscheste Mädchen, das er kannte, rank und schlank, mit endlos langen Beinen und einem nussbraunen Zopf, der dicker war als sein Arm. Tag und Nacht dachte er an sie, und er wusste, dass auch er ihr nicht gleichgültig war, wie ihm heimliche Blicke bewiesen. Alles könnte so schön sein, wenn da nicht dieser vermaledeite Otto gewesen wäre, der Bäckergeselle, der in einer Tour um Gertrud herumschwänzelte.

Franz beugte sich ein bisschen über den Vorsprung am Dach hinaus und sah nach unten. Da sollte doch der Blitz einschlagen! Genau in diesem Augenblick lümmelte dieser Otto doch schon wieder unter Gertruds Fenster, winzig klein aus dieser Höhe, aber den Kerl hätte Franz auch von einer Wolke aus erkannt!

Er war wütend, und wie! Am liebsten hätte er seine Zimmermannsaxt nach unten geworfen, um den Otto vom Haus seiner Liebsten zu verscheuchen.

Und wenn er doch ...? Er griff nach der Axt, als sich ein Stück von dem Sims löste, an welchem er sich festgehalten hatte. Alles Folgende ging nun rasendschnell: Er rutschte über die Kante, und stürzte, die Axt noch in der Hand in die Tiefe. Mit letzter Verzweiflung schlug er das Werkzeug beim Vorbeifallen in einen Balken, ein Ruck, und da hing er nun in schwindelnder Höhe. Jetzt ist alles aus, dachte er, seine schwitzende Hand umklammerte den Axtstiel und rutschte millimeterweise nach unten, und die im Holz steckende Schneide löste sich ebenso langsam, aber unaufhaltsam.

Unten schrie jemand und lief ins Haus, zwei Frauen kamen herausgestürzt, mit Strohsäcken in den Händen. Sie rannten den steilen Weg hinauf bis an die Kirchenmauer und legten die Säcke ab, in der Hoffnung wohl, den Sturz zu dämpfen. Franz sah es, und sah auch Gertrud dort unten stehen, seine Gertrud, ein bisschen abseits, dort wo das große schmiedeeiserne Tor war, die nackte Angst stand ihr im Gesicht, diesem hübschen Gesicht, das er so sehr liebte, dem er immer nahe sein wollte. Da gab die Axt nach, und Gertruds Gesicht kam rasend schnell näher, es war das letzte, was er sah, dann der Aufprall, dann Dunkelheit …

So endete am 3. August anno 1776 das junge Leben des Kupferdeckers Franz Hesse auf dem Pflaster in der Nähe der Tür zur Georgskapelle an der dem Fluss zugewandten Seite der Peterskirche.

Der Sturz vom Dach schien damals großes Aufsehen in der Stadt erregt zu haben, denn die Stadtväter fühlten sich verpflichtet, an der Mauer des Nikolaifriedhofs, dort, wo eigentlich nur die Gutbetuchten ihre letzte Ruhe fanden, eine Gedenktafel für den jungen Mann anzubringen.

Was aus der hübschen Gertrud geworden ist, ist nicht bekannt. Sie soll noch lange dorthin gegangen sein, wo im Katzenkopfpflaster ein Stein mit einem Kreuz, der heute noch zu sehen ist, die Stelle bezeichnet, an der Franz, ihr Liebster, sein Leben aushauchte.

Und die Moral von der Geschicht? Leute, denkt an den Arbeitsschutz, denn gerade bei Eifersucht ist ein an einem kräftigen Haken festgebundener Strick um den Bauch nützlicher als das schärfste Beil in der Hand!

Eine traurige Geschichte, nicht wahr? Doch bummeln wir weiter durch die alte Stadt, ein Stückchen nach links, bitte. Sehen Sie dort diesen relativ einfach gebauten runden Turm mit der hellgrünen Haube? Das ist der **Nickel** oder **Nikolaiturm** von dem ich Ihnen schon etwas erzählte, richtig, über die Inneneinrichtung, ja, genau, über die Türmerstube. Auch er gehört zu den Wach- und Wehrtürmen der Stadt, er war Teil der doppelten Stadtmauer, direkt am Nikolaizwinger, den ich Ihnen ja auch schon kurz vorgestellt habe. Gebaut wurde er vor mehr als 660 Jahren, urkundlich erstmalig erwähnt dann 1348. Der runde Teil des Turmes ist etwa 30 Meter hoch, und der Umfang beträgt ungefähr dasselbe. Ja, bei Türmen verschätzt man sich schnell, was den Umfang im Vergleich zur Höhe betrifft, nicht wahr? Die Mauern sind mehrere Meter dick, wie bei den anderen Türmen auch, und so waren die alten Görlitzer Recken so gut wie unzerstörbar und uneinnehmbar. Das heißt, einem Feind kann keiner auf Dauer trotzen - der Zeit. Sie schafft manches, was Kanonen nicht vermochten. Und deshalb ist begrüßenswert, wenn sich Gruppen von Leuten finden, die sich um die Erhaltung der Görlitzer Wahrzeichen kümmern.

In der Nähe des Turmes muss einstmals so etwas wie ein Wasserloch gewesen sein, etwa dort, wo sich hinter Mauern das **„Jüdische Bad“** befunden haben soll, damals ein Ritualbad in dem Stadtviertel, in dem besonders jüdische Bürger wohnten. Dieses Wasserloch spielt in einer merkwürdigen alten Geschichte eine Rolle, die ich Ihnen gleich erzählen werde. Aber da hätte ich erst mal`ne Frage. Geben Sie es doch zu - Sie sind neugierig, richtig? Ist ja in Ordnung, wenn die Leute nicht neugierig wären, würden wir heute noch mit dem Speer durch die Wälder rennen, also bleiben Sie bitte so. Die alten Görlitzer waren es schließlich auch. Doch Sie haben es heute leicht, an Neuigkeiten zu kommen. Wenn nämlich irgendeine Sensation in der Luft liegt, was machen Sie dann? Richtig, Fernseher einschalten oder Radio. Und schon sind Sie direkt dabei. Vor Hunderten von Jahren aber hatten es Neuigkeiten nicht so leicht, den Weg bis in alle Stuben und Säle zu finden, um so mehr stützte sich alles darauf. Und das ganz besonders dann, wenn da etwas Unerklärliches passiert war, etwas Geheimnisvolles, das einen schaudern machte ... Wie zum Beispiel die Sache, die sich einstmals in Görlitz so kurz vor Weihnachten zugetragen haben soll. Und daraus entstand dann:

Die Sage vom dreibeinigen Hund

Es war Dezember geworden, das Weihnachtsfest, von den jüngsten Bürgern der Stadt schon lange herbeigesehnt, war endlich da. Alle waren festlich gestimmt, holten die besten Kleider hervor und rüsteten sich zur Mitternachtsmesse, und selbst in der ärmlichsten Hütte war alles ein bisschen anders als sonst, ein bisschen heimeliger, ein wenig feierlicher, man war bereit, manchen Streit zu vergessen und schob die Alltagssorgen einfach beiseite.

Draußen war es kalt, der Schnee fiel dicht aus den Wolken, aber nicht in dicken Flocken, der Sturm hatte sie zerfetzt und peitschte sie durch die Gassen, durch die er heulend hindurchfegte.

Ein Wetter zum Zuhausebleiben, eine Nacht, in der man, so sagten die Bürger, nicht einmal den Hund vor die Tür jagte.

Doch ein Hund würde in dieser Nacht ganz gewiss draußen sein, ein ganz bestimmter; etwa eine Stunde vor Mitternacht würde er an der Jakobskapelle, das war in der heutigen Jakobstraße, ungefähr zwischen Hospitalstraße und Schulstraße, einem Wasserloch entsteigen, sehr mühsam, denn er hatte nur drei Beine, er würde sich kräftig schütteln, um das Wasser aus dem Fell zu bekommen, und dann gemächlich auf den Frauenturm zulaufen, der heute Dicker Turm heißt, dort würde er das Frauentor passieren, hinunterlaufen bis in die Nähe des Nikolaiturmes und etwa dort, wo sich Büttner- und die heutige Hugo-Keller-Straße treffen, wieder in einem Wasserloch verschwinden.

So ging das schon seit vielen, vielen, vielleicht schon seit Hunderten von Jahren, immer auf dieselbe Art und Weise, immer in der Weihnachtsnacht. Die Bürger wussten darum, und da nie etwas passiert war, fürchteten sie sich nicht vor dem riesigen Hund mit den schwarzen Zottelfell und roten Augen, vielleicht ein Vorfahr des Hundes von Bakerville. Die Stadtwachen am Frauentor ließen zu Weihnachten um Mitternacht das Tor einen Spalt weit offen, und so kam der Hund ohne Probleme in die Stadt, und das Ereignis war wieder für ein Jahr vergessen.

So war das, wie gesagt, seit vielen, vielen Jahren vonstatten gegangen, und nun war wieder Weihnachten. Wie auch schon gesagt, ein sehr kalter, stürmischer Tag mit dichtem Schneetreiben. Wieder kam der Hund am Frauentor an, doch diesmal war das Tor verschlossen. Einer der Wachsoldaten, ein waghalsiger, übermütiger Bursche, wollte seine Neugier befriedigen, sich den Hund einmal näher ansehen und herausbekommen, was passierte, wenn das Tor geschlossen blieb. Die anderen Stadtwachen waren drin geblieben in ihrer Wachstube, wo sie Schutz suchten vor Sturm und Kälte. Der Hund war also angekommen, das Tor war zu. Er knurrte böse, und seine roten Augen glühten. Dann sprang er nach kurzem Aufenthalt mit einem riesigen Satz über das Tor hinweg und verschwand in der Dunkelheit.

Als der Bursche nach einer Stunde immer noch nicht wieder in die Wachstube gekommen war, sahen die anderen nach ihm. Er lag bewusstlos am Tor, die Augen weit geöffnet, sein Blick starr vor Entsetzen. Sein Gewehr lag neben ihm, mit einem Knoten im Lauf. Der junge Mann wurde sofort in ein Spital gebracht, doch er lebte nur noch wenige Tage, genau bis Sylvester.

Diese schauerliche Geschichte kann sich zum Glück nicht wiederholen, weil es heute sowohl die Wasserlöcher wie auch das Frauentor nicht mehr gibt. Wo der Hund geblieben ist, hat bisher niemand erfahren.

So war das also. Nein, meine Dame, Sie brauchen heute Abend, wenn Sie nach Hause kommen, Ihren Hund nicht zu beobachten und seine Beine zu zählen - er ist es nicht, wirklich nicht! Auch kein Nachkomme.

Denke ich jedenfalls.

Vom Nickel aus nach Norden zu breitet sich die **Nikolaivorstadt** aus, steigt langsam an bis hinauf zur **Nikolaikirche** und zum **Nikolaifriedhof.** Der Weg dorthin ist mitunter ein bisschen beschwerlich, denn auch dort muss man, wie erfreulicherweise zur Zeit überall in der Altstadt, immer wieder über das Katzenkopfpflaster laufen, um in den engen Straßen so an den Baustellen vorbeizukommen. Den Nikolaifriedhof nannte ich bereits einmal, dort wurden eigentlich mehr die Gutbetuchten beerdigt, während die Armen auf dem Friedhof an der Frauenkirche ihre letzte Ruhe fanden. Dort drüben, auf dem Nikolaifriedhof liegt auch, wie ich Ihnen erzählte, der junge Kupferdecker Franz Hesse begraben, neben vielen anderen, Bekannten und Unbekannten. Von einem anderen jungen Mann möchte ich Ihnen jetzt erzählen, von ihm berichtet ebenfalls eine alte Geschichte.

Die Sage von der Mollerlinde auf dem Nikolaifriedhof

Der nun schon viele Jahrhunderte alte Nikolaifriedhof, er wurde bereits im Jahre 1310 erstmalig urkundlich erwähnt, ist heute weit über die Grenzen der Stadt Görlitz hinaus bekannt, nicht zuletzt deshalb, weil hier Persönlichkeiten wie der berühmteste Görlitzer, der Philosoph Jakob Böhme (1575-1624), Minna Herzlieb (1779-1865), eine Liebe Goethes, und andere Berühmtheiten ihre letzte Ruhe fanden.

Der Zahn der Zeit hat auch vor diesem historischen Kleinod nicht haltgemacht, nicht vor den Mauern und auf besondere Art gestalteten Grabsteinen und auch nicht vor den schönen alten Bäumen, die seit Jahrhunderten dort ihren Schatten über die Gräber werfen. Um einen von ihnen, eine mächtige Linde in der Nähe des Stufenweges, ranken sich zwei alte Sagen. Die eine erzählt von dem einstigen Pfarrer der Peterskirche, Martin Moller, der Ende des 16. Jahrhunderts von seinen Berufskollegen oftmals angefeindet wurde, weil er kein Glaubenseiferer war, kein Fanatiker wie sie, sondern seinen Schäfchen mit Verständnis für ihre Sorgen, mit Nachsicht und Milde entgegentrat. Sein

Leben war sicher nicht leicht, denn zur Schelte kam noch, dass er im Alter erblindete. Er ließ sich aber nicht entmutigen und trotzte allen Angriffen. Er war darüber hinaus auch ein kluger, hochgelehrter und musisch begabter Mann, denn noch heute findet man einige seiner religiösen Lieder in den Gesangbüchern der evangelischen Kirche in Görlitz.

Als es mit ihm zu Ende ging, soll er darum gebeten haben, eine Linde verkehrt herum, also mit den Wurzeln nach oben, auf sein Grab zu pflanzen, und wenn sie trotzdem wachse, sei das ein Beweis dafür, dass sein Glaube unerschütterlich und sein Leben rechtens gewesen sei.

Um ein solches so genanntes Gottesurteil ging es auch in einer zweiten Sage, in der dieselbe Linde im Mittelpunkt steht.

Ein junger Mann, der bei einem Adligen als Knappe diente, war bei einem dreisten Überfall seines Herrn und dessen Gefolges auf einen Kaufmannszug vor den Toren der Stadt aufgegriffen und dingfest gemacht worden. Seinem Herrn war es dank einem guten Pferd ohne Mühe gelungen, den Häschern zu entkommen, aber der Knappe musste sich auf seine eigenen Füße verlassen, er wurde festgenommen und der Mittäterschaft angeklagt, obwohl er diese energisch Leugnete. Die Görlitzer pflegten in solchen Fällen nicht lange zu fackeln. Man machte ihm den Prozess, und nach dem Prinzip „mitgegangen-mitgefangen-mitgehangen“ wurde er zum Tode durch den Strick des Henkers verurteilt, so sehr er auch seine Unschuld beteuerte. Wie allgemein üblich, erhielt er nicht nur die berüchtigte letzte Mahlzeit, sondern - vielleicht wegen seiner Jugend - die Gnade, sich auf dem Nikolaifriedhof von seinen dort beerdigten Eltern verabschieden zu dürfen. In der Nähe der Grabstätte wuchs eine kleine Linde. Er riss sie aus der Erde und pflanzte sie verkehrt herum auf der Grabstelle wieder ein. Dann rief er Gott zum Zeugen, dass er unschuldig sei, und das werde die Linde beweisen, indem sie trotz allem weiter wachsen werde. Da man aber nicht abwartete, ob dieses Wunder eintrete oder nicht, nützte ihm sein Tun letztendlich doch nichts, das Urteil wurde vollstreckt.

Tatsache aber ist, dass die kleine Linde wuchs und wuchs und zu einem herrlichen Baum wurde, und wer an solche Wunder glaubt, weiß nun, dass hier sozusagen auf biologische Weise ein gerichtliches Fehlurteil mit tödlichem Ausgang dokumentiert wurde.

Zu den Bildern:

S. 109:	*Das Heilige Grab*
S. 110 li.:	*Der Dicke oder Frauenturm am Marienplatz*
S. 110 re.:	*Die „Muschelminna", Brunnenfigur auf dem Postplatz*
S. 111:	*Der Neißeviadukt verbindet Deutschland mit der VR Polen*
S. 112 li.:	*Die Oldtimer-Parkeisenbahn dreht seit dem 1. Juni 1976 im Park am hohen Neißeufer ihre Runden*
S. 112 re.:	*Der Görlitzer Naturschutz-Tierpark bietet etwa 450 Tieren artgerechte Unterkunft*
S. 113:	*Die Landeskrone, der Görlitzer Hausberg, ist mit 420 m der höchste Punkt der Stadt*
S. 114 li.:	*Der Aussichtsturm auf dem Berg bietet einen weiten Blick über die Stadt und ihre Umgebung*
S. 114 re.:	*Auch im Herbst oder Winter bietet ein Spaziergang auf der Landeskrone Erholung und Entspannung*

Sehen Sie, auf diese außergewöhnliche Weise kam Görlitz zu einem berühmten Baum, der noch immer den Namen „Mollerlinde“ trägt. Bäume kann eine Stadt nie genug haben, nicht wahr, sie müssen auch nicht unbedingt berühmt werden, und auch der Anlass sollte nicht so tragisch sein wie der oben geschilderte. Ich hätte da so eine Idee: Was, wenn die Bürger ein besonders angenehmes und für sie wichtiges Ereignis, eine Hochzeit zum Beispiel oder die Geburt eines Kindes, zum Anlass nähmen, um zum Gedenken daran der Stadt ein Bäumchen zu stiften, dieses eigenhändig zu pflanzen und zu pflegen? Wäre doch nicht schlecht, nicht wahr, könnte doch glatt eine gute Tradition draus werden. Und vielleicht würde dann auch dieses oder jenes Bäumchen später einmal einen berühmten Namen tragen.

Wie heißt es doch in diesem Sprichwort? Jeder Mann solle in seinem Leben drei Dinge tun - ein Haus bauen, ein Kind zeugen und einen Baum pflanzen. Es muss ja nicht unbedingt in dieser Reihenfolge passieren. Oder sehen Sie das anders? Na, bitte, sage ich doch ...

Ja, es gibt schon merkwürdige Begebenheiten, nicht wahr? Aber sehen Sie nur - ich glaube, das Wetter bessert sich, dort ganz hinten ist sogar schon ein heller Schimmer zu erkennen. Na, das wurde aber auch Zeit ... Aber bis die Sonne hier ist, vergeht sicher noch eine ganze Weile. Gucken Sie doch mal dort hinüber, nach Nordwesten. Dort oben liegt das größte Görlitzer Neubaugebiet, **Königshufen.** Sie erinnern sich vielleicht, dass ich diesen Namen schon einmal nannte? Ja, richtig, die acht Königshufen Land, die der Kaiser dem Meißner Bischof schenkte, siehe Gründungsurkunde der Stadt. Nun, in diesem Stadtteil wohnen rund 20.000 Görlitzer. Er entstand ungefähr von Mitte der 1970er bis Ende der 1980er Jahre, und danach siedelten sich rundherum zahlreiche Gewerbecenter an, die sich entlang der B115 nach Norden hinziehen. Etwas unterhalb dieses Wohngebietes sieht man einen Park, und von hieraus nördlich der Straßenbahnlinie, schon im Altbaugebiet, guckt so ein spitzes Türmchen aus dem Grün heraus, sehen Sie? Und dahinter ein nahezu würfelförmiger kleiner Bau, nicht wahr? Der ist etwas Einzigartiges, ihn gibt es nämlich, soviel ich weiß, nur noch einmal in der Welt, als Original - das **Heilige Grab** in Jerusalem. Wie die Stadt Görlitz nun zu diesem außergewöhnlichem Bauwerk gekommen ist, davon erzählt wieder eine Sage. Also, aufgepasst!

Wenn der Frühling kommt und die Natur erwacht, dann kribbelt es auch im Blut, stimmts? Sie gucken doch auch ganz gern mal einem hübschen Minirock hinterher und Sie einem knackigen Männerpopo, oder etwa nicht? Sehen Sie, wäre doch auch schade, wenn das keiner täte ... Das war schon immer so, und das war zum Glück nicht ohne Folgen und somit wesentlichste Voraussetzung dafür, dass auch Sie, meine Herrschaften, existieren.

Die Methoden des „Anbaggerns“ haben sich sicher geändert, aber das Ziel ist immer noch das gleiche wie z.B. im 15. Jahrhundert, als in der

Stadt Görlitz der heute noch bekannte Bürgermeister Urban Emmerich - andere Aufzeichnungen nennen ihn Georg - regierte, dessen Sohn Georg, der hieß wirklich so, später ebenfalls Bürgermeister wurde.

Auch die Folgen, wenn vorhanden, sind immer dieselben und meistens sehr erfreulich. Doch manchmal kommen weitere, mitunter auch unbeabsichtigte, dazu, die dann über Jahrhunderte Bestand haben, wie unsere Geschichte gleich zeigen wird.

Konsolfigur, Peterskirche, Ende des 15. Jahrhunderts

Die Sage von der Entstehung des Heiligen Grabes

Es muss so um 1464 herum gewesen sein, als Georg Emmerich, der Sohn des damaligen Bürgermeisters, in der Stadt von sich reden machte. Er schien ein rechter Lotterbube zu sein, stets hinter den Röcken der hübschen Görlitzer Mädchen her. So hatte er auch die besonders hübsche Benigna Horschel erspäht, Tochter eines Tuchmachers. Er versprach dem Mädchen die Ehe, verführte es, dachte aber gar nicht daran, sein Eheversprechen zu halten: Eine Tuchmacherstochter passte nun mal nicht in die Familie eines Bürgermeisters, die zu den so genannten Görlitzer „Geschlechtern" gehörte.

Normalerweise vertuschte man solcherlei Probleme, zumal ein kleiner Mann wie dieser Tuchmacher Horschel kaum Chancen gegen das Stadtoberhaupt hatte; aber diesmal kam es anders: Die schlimme Sache wurde allgemein bekannt, möglicherweise, weil der junge Georg gegenüber seinen Kumpeln mit seiner neuesten Eroberung prahlte.

Das wiederum führte dazu, daß der Vater des jungen Mädchens sehr, sehr böse wurde, zum einen auf seine Tochter, vor allem aber deshalb, weil er partout nicht einsehen wollte, dass der

Bürgermeistersspröß sich alles erlauben konnte. Dabei wusste er seine Zunftkollegen hinter sich, die ebenfalls schon lange mit der Stadtobrigkeit unzufrieden waren. Eins kam zum anderen. Kurzum: Aus dem Techtelmechtel entwickelte sich ein echtes Politikum, das zum Auslöser einer der zahlreichen Tuchmacheraufstände in Görlitz wurde.

Vater Urban Emmerich war nicht nur sehr reich, sondern hatte in dieser Situation wohl auch den richtigen Riecher: Per Marschbefehl entfernte er den Stein des Anstoßes, sprich, seinen Sohn, erst einmal aus der Reichweite der erzürnten Bürger und schickte ihn stante pede auf eine längere Bildungsreise. Der Sohn bereue und wolle Buße tun im heiligen Land, hieß es offiziell.

Dass die Reue sehr tief und die Buße sehr aufrichtig gewesen ist, wäre allerdings zu bezweifeln, denn es wird berichtet, dass sich in der Begleitung des Schwerenöters eine sehr junge, sehr hübsche und sehr reiche Witwe, Frau Agnete Fingerin, verkleidet als frommer Mönch, befunden haben soll ...

Wie auch immer - Georg Emmerich war wohl wirklich u.a. in Jerusalem. Er besuchte dort das Heilige Grab. Ob nun dieser christliche Wallfahrtsort auf ihn tatsächlich eine besondere Ausstrahlung hatte, ob er ein Geschichts- und Architekturfan war, ob seine Verführungskünste Folgen hatten, die nun laut schreiend in der Wiege lagen, weswegen sich die erhitzten Gemüter der Tuchmacher nach Emmerichs Rückkehr noch immer nicht beruhigt hatten und er deshalb seine Reue nach außen hin sehr deutlich demonstrieren musste, um trotz seiner Verfehlungen noch als Amtsnachfolger seines Vaters zum Bürgermeister gewählt zu werden - wer weiß es schon so ganz genau. Tatsache ist jedenfalls, dass er kurz nach seiner Rückkehr noch einmal nach Jerusalem reiste, diesmal in Begleitung eines Baumeisters, der das Heilige Grab genau ausmaß und zahlreiche Skizzen anfertigte. Wieder in Görlitz, baute dieser im Auftrag Georg Emmerichs die Grabkammer in Jerusalem, maßstabgerecht verkleinert, genau nach, und zwar südlich des so genannten Ölberggartens an der heutigen Friedhofstraße.

In unmittelbarer Nähe steht dort auch eine kleine Kapelle, die so genannte Golgatha-Kapelle, deren schlankes, spitzes Türmchen mit seiner dichten, hellgrünen Patina an der nördlichen Seite der Heiligen-Grab-Straße aus den Bäumen herausragt, Anziehungspunkt für viele Touristen. Ursprünglich soll sich hier die Begräbnisstätte hingerichteter Verbrecher befunden haben, und möglicherweise ist dieser Ort gerade als Baugrund gewählt worden, in Anlehnung an den Berg Golgatha in Jerusalem.

Auch Frau Agnete hatte wohl allen Grund zur Buße. Sie ließ für die Armen der Stadt das nach ihr benannte Agnetenbrot backen und kostenlos verteilen. Doch während die Nachbildung des Heiligen Grabes noch heute zu festgelegten Zeiten zu besichtigen ist, gibt es das Agnetenbrot schon seit Jahrhunderten nicht mehr, nicht einmal gegen Bezahlung. Es sei denn, es findet sich ein Görlitzer Bäckermeister, der eine Faible für die Geschichte seiner Heimatstadt sowie für damit verbundene pikante Geschichtchen hat.

Na, hat Ihnen dieses Histörchen gefallen? Ich mag es auch.

Aber ob sich alles so zugetragen hat - wer will das nach mehr als 500 Jahren schon so genau wissen... Doch nun zurück zum Heiligen Grab: Nach diesem Bau ist auch die Straße benannt - Heilige-Grab-Straße. Und genau das ärgert mich ein bisschen, weil es einfach unlogisch ist. Sehen Sie - Heiliges-Grab-Straße wäre ja in Ordnung, aber Heilige-Grab-Straße - wieso soll die Straße heilig sein? frage ich mich. Sie sich auch? Na bitte, Sie sind halt ein Logiker!

Übrigens hat die Geschichte von der Entstehung des Heiligen Grabes noch eine Fortsetzung oder, wenn Sie so wollen, eine Art Zwischenspiel, denn es gibt noch eine weitere Sage, die mit dem jungen Emmerich und seiner Heimkehr aus Jerusalem zusammenhängt, und die möchte ich Ihnen jetzt erzählen. Einverstanden? Also ...

Wie Georg Emmerich seinen Diener vor dem Galgen rettete

Der junge Georg Emmerich, Sohn des Bürgermeisters, wurde also von seinem Vater auf diese sogenannte Pilgerfahrt geschickt, die ganz sicher nichts anderes war als eine ein bisschen getarnte Bildungs- und Vergnügungsreise, bis sich die Wogen, die besonders seine letzte Affäre mit Benigna Horschel hervorriefen, wieder geglättet hatten.

Nun war er wieder auf dem Heimweg und in Reichenbach angekommen. Dort machte er noch eine längere Rast, wahrscheinlich einige Tage. Warum - ja, wer weiß? Es könnte vielleicht mit dem gewissen „Mönch“ zusammenhängen, nein, nicht mit dem Turm der Oberkirche, sondern mit dem, der den Bürgermeisterssproß auf der Reise begleitet hatte, unter dessen Kutte aber, wie ich bereits erzählte, eigentlich die hübsche, reiche, junge Witwe Agnete Fingerin steckte, nun, und nach Büßen war der wohl auch nicht ... Könnte ja sein, dass die Dame sehr müde war von der Reise, so das sie kurz vor Görlitz noch für einige Tage das Bett hüten musste und dabei einer intensiven, sehr speziellen Pflege bedurfte. Und - oder weil - Georg Emmerich ein so guter Pfleger war, sah es wohl so aus, als würde sich die Sache hinziehen. Damit man sich aber zu Hause nicht ängstigte wegen seiner Verspätung, sandte er zwei seiner Diener mit dem Gepäck voraus und hieß sie seine Ankunft anzukündigen. Dem einen, einem verlässlichen, großgewachsenen Mann, der schon viele Jahre in seinen Diensten stand, vertraute er auch sein besonderes wertvolles Gepäck an, ebenso sein Geld. Der andere Diener aber war ein hinterhältiger Bursche. Als sie beide auf dem Wege zur Stadt waren, überfiel er seinen Kollegen, um ihm das Geld abzunehmen. Das aber misslang gründlich, im Gegenteil, er steckte mächtig Prügel ein. Also warf er das Gepäck, das er zu tragen hatte, einfach hin und machte sich allein auf den weiteren Weg. Erleichtert von seiner Last kam er natürlich schneller von der Stelle als der andere, der nun die doppelte Last zu tragen hatte; kurz vor dem Stadttore zerkratzte er sich das Gesicht und die Hände, begab sich schnurstracks zum Rat und berichtete, der andere Diener habe den jungen Herrn Emmerich erschlagen und ausgeraubt, er habe aber erfolglos versucht, seinen Herrn zu verteidigen und sei nur mit knapper Müh und Not mit dem Leben davongekommen.

Der Rat sandte seine Schergen aus und nahm den inzwischen eingetroffenen anderen Diener gefangen, und der war nicht in der lage, den Rat von der Wahrheit zu überzeugen, zumal er ja tatsächlich Geld und Gut seines Herrn in dessen Gepäck mit sich führte. Er wurde rasch verurteilt und sollte in Bälde hingerichtet werden.

Inzwischen war aber auch Georg Emmerich von der Intensivpflege recht erschöpft und wollte nach Hause, also brach man auf. Irgendwo zwischen Reichenbach und Markerdorf kamen ihm Kaufleute mit ihrem Fuhrwerk entgegen, man sprach miteinander, und Emmerich erfuhr von der bevorstehenden Hinrichtung seines treuen Dieners auf der Grundlage eines offensichtlichen Fehlurteils - zumindest wusste er, dass es eins war. Diese Hinrichtung sollte noch an diesem Tage 12 Uhr mittags stattfinden, und bis dahin war nicht mehr lange. Wenn er auch ein arger Schwerenöter war - ein bisschen Ehrgefühl hatte ihm sein Vater wohl doch vererbt. Er verließ die kleine Reisegruppe und galoppierte auf die Stadt zu, immer in Richtung Galgenberg, wo der Henker schon mit dem Strick für den Delinquenten bereitstand.

Unterwegs aber, kurz vor dem Ziel, brach das völlig abgehetzte Pferd unter ihm zusammen, doch irgendwie erreichte er in letzter Minute die Hinrichtungsstätte, klärte die Sache auf und rettete so seinen Diener. Der andere aber, der sich ebenfalls dort befand, um

der Hinrichtung beizuwohnen und so seinen Triumph auszukosten, wurde geschnappt, als er sich heimlich davonstehlen wollte, und ohne großes Federlesen wurde er mit ebendemselben Strick aufgeknüpft, der für sein Opfer bestimmt gewesen war. Und so hatte die Gerechtigkeit wieder einmal gesiegt. An der Stelle, an der sein Pferd zusammengebrochen war, ließ der junge Emmerich eine kleine Kapelle bauen, die in der heutigen Heiligen-Grab-Straße steht.

Sehen Sie? Die da drüben, die mit dem Türmchen, das ist sie, sie heißt Golgatha-Kapelle, und der Park nördlich davon ist der Ölberggarten, unten im Tal aber fließt der Kidronbach unter einer neuen, lang gezogenen Holzbrücke hindurch, die sich über einen durch Stauen entstandenen Enten- und Schwanenteich spannt.

Der Würfel hinter der Kapelle aber ist das Heilige Grab. Noch etwas weiter rechts, mehr auf uns zu, steht ein sehr großes Gebäude aus hellen, dicken Steinen, sehen Sie? Das ist die so genannte **Jägerkaserne,** die 1856-58 gebaut wurde. Ihre Errichtung war ganz und gar nicht freiwillig, aber da die Stadt Görlitz einen Teil ihrer Stadtmauern abgerissen hatte, wurde sie nach der Revolution von 1848 sozusagen „von oben" dazu verdonnert, diese Kaserne zu bauen. 57 Jahre beherbergte sie das Schlesische Jägerbataillon Nr.5, später auch das preußische Infanterie-Regiment Nr.19. Sehr lange Zeit diente sie als Wohnhaus, etwa seit den

20er Jahren, nach dem 2.Weltkrieg vor allem aber für die Flüchtlinge, doch in den 1990er Jahren brauchte die Stadtverwaltung Platz und sollte an einer Stelle konzentriert werden, für sie wurde die ehemalige Kaserne instand gesetzt und modernisiert.

Direkt unter uns sehen Sie noch einen merkwürdigen Bau, eine Art Rondell mit zwei dicken, runden Mauern um einen niedrigen Turm herum, sieht doch aus wie ein riesiger Weihnachtskringel, durch dessen Loch in der Mitte ein senkrechter Ast gespießt wurde, nicht wahr? Das ist der **Kaisertrutz,** 1490 zum Schutz des westlichen Stadttores gebaut. 1641 erhielt er seinen heutigen Namen, als hier in den Wirren des dreißigjährigen Krieges die Schweden unter dem strengen Regime des Obristen Wancke - Sie erinnern sich an das, was ich Ihnen über den Tod des Fähnrichs Hans Loest erzählte?-also, als sie dem Kaiser„trutzten". Links daneben steht unser 1851 erbautes Stadttheater, das sich als **Musiktheater** versteht und unter dem Motto „EUROPERA" über die Staatsgrenzen hinaus die Zusammenarbeit von Theatern der Euroregion Neiße bewirkt. Noch weiter links sehen Sie ein **Warenhaus,** das 1912/13 im Jugendstil errichtet wurde, über mehrere Jahrzehnte das größte CENTRUM-Warenhaus Ostsachsens war.

Rechts daneben befindet sich die Frauenkirche, und wiederum rechts davon, das rote Gebäude, ist keine alte Befestigungsanlage, obwohl es auch so ein Rundbau ist wie der Kaisertrutz, hier hat sich die Telekom verschanzt, das ist unser **Hauptpostamt,** gegenüber davon das

Gerichtsgebäude, und zwischen beiden, inmitten der Grünanlage schüttet eine in den letzten Jahren wiedergeborene metallene Jungfrau, die **Muschelminna,** wie die Görlitzer sie getauft haben, ununterbrochen Wasser über einige steinerne Nackedeis unter ihr.

Wie sie sehen, Görlitz macht seinem Ruf als Gartenstadt alle Ehre, überall Grün, ein paar Bänke, Wasser ... Wasser gibt es auch weiter links, in dem umpflanzten Bassins mit dem Springbrunnen am **Marienplatz,** sehen Sie? Dahinter zieht sich auch der von den Bürgern und vielen Gästen gern besuchte Marktplatz hin. Dort rechts davon sehen Sie wieder eine Kirche, die **katholische Kreuzkirche,** ein bisschen außerhalb des Zentrums gibt es auch noch eine **evangelische Kreuzkirche** und noch zahlreiche andere, in Weinhübel Rauschwalde, Königshufen, auch inmitten der Stadt, die **Lutherkirche** zum Beispiel. Sie sehen - auch dem Namen Stadt der Türme wird Görlitz gerecht.

Ein weiterer, allerdings nicht von einer Kirche, sondern ein schöner alter Wehrturm, der Dicke oder Frauenturm, 1305 erstmals erwähnt, auch **Steinturm** genannt, ragt am Marienplatz aus den Häusern heraus. Er wurde im 13. Jahrhundert gebaut zum Schutz des damals dort befindlichen **Frauentores,** dieses wurde 1856 abgerissen. Der Turm war ein wichtiger Teil der Befestigungsanlage, seine Wände sind mehrere Meter dick, ja, wirklich, und sie hielten jedem Angriff stand. Erobert wurde er dann aber doch, allerdings erst in den siebziger Jahren des 20. Jahrhunderts, doch, doch, nämlich von den Studenten der damaligen Ingenieursschule für Elektrotechnik/Elektronik, die sich in den oberen Etagen ein tolles Freizeitdomizil eingerichtet haben. An der Außenwand des Turmes, dem Marienplatz zugewandt, ist übrigens das Görlitzer Stadtwappen (1477) zu besichtigen, das den böhmischen Löwen und den doppelköpfigen Adler unter einer gemeinsamen Krone zeigt und die lateinische Inschrift „Der Tüchtigkeit ist kein Weg unmöglich“ trägt.

Und wenn Sie dann noch ein bisschen nach rechts sehen, gleich gegenüber vom Turm, sehen Sie die helle **Annenschule mit der Annenkapelle (1508-1512 gebaut),** heute ein Gymnasium.

Ach ja, von einem Turm muss ich Ihnen doch noch erzählen, aber den können Sie nicht mehr sehen, weil er ebenso wie die kleine Kirche, zu der er einst gehörte, im letzten Drittel des 19. Jahrhunderts abgerissen wurde. Die Kapelle stand einst etwa 200 oder 250 Meter südlich des Postgebäudes, das ich Ihnen ja schon zeigte, im oberen Teil der Jakobstraße, die parallel zu unserer Magistrale, der Berliner Straße, verläuft, durch den Jakobstunnel, einen Eisenbahntunnel, führt und schließlich ... Nein, warten Sie, erst erzähle ich Ihnen einmal, wie das war mit der Jakobskapelle.

Mit dem Wahrheitsgehalt der Sagen ist das so eine Sache: Manchmal mag es durchaus eine Wiederholung von Ereignissen an einem anderen Ort, zu einer anderen Zeit, mit anderen Beteiligten gegeben haben, aber mitunter hat vielleicht auch ein reisender Erzähler dieses oder jenes Vorkommnis einfach woanders hin verlegt. So vielleicht auch hier: Da soll, glaubt man der Historie, der berühmte Anführer der „Vitalienbrüder", Klaus Störtebeker, bei seiner Gefangennahme bestimmt haben, er wolle nach seiner Enthauptung, gestützt von zwei Leuten, an seinen in Reihe aufgestellten Männern vorbeigeführt werden, und jeder, an dem er vorbeigegangen war, sollte begnadigt werden.

Der Überlieferung nach soll sich die Gerichtsbarkeit wohl auf diesen Deal eingelassen haben ... So ein ähnliches Vorkommnis gab es auch in Görlitz zu Beginn des 15. Jahrhunderts, und daraus wurde dann natürlich wieder eine Sage.

Die Sage von der Erbauung der Jakobskapelle

Es lebte einst ein Görlitzer namens Jakob oder, anderen Quellen zufolge, auch Frenzel, vielleicht hieß er einfach Jakob Frenzel, so genau ist das heute nicht mehr auszumachen.

Dieser Herr Frenzel war sehr reich, aber möglicherweise war er auf nicht besonders legale Art und Weise zu seinem Reichtum gekommen. So etwas gab es also vor rund 600 Jahren auch schon; nur, damals wurde es noch hart geahndet. Konkret: Frenzel war bei einer schweren Straftat ertappt und dafür zum Tode durch Enthaupten verurteilt worden.

Und auch das hat sich wohl bis heute nicht geändert, selbst, wenn die Todesstrafe bei uns abgeschafft wurde: Wenn es ans Sterben geht, bekommt es meist auch der abgebrühteste Sünder mit der Angst zu tun, so bei dem Gedanken an Fegefeuer und Hölle und deren Chef, Sie wissen schon, den mit Hinkefuß und Schwefelgeruch ...

Dem Jakob oder Frenzel oder beides ging es auch nicht anders. Er muss sogar gewaltig Angst gehabt haben, vielleicht eben wegen der gewaltigen Sünden, die er sein Leben lang begangen hatte. Und deshalb verfügte er, daß ein großer Teil seines Vermögens dafür verwendet werden sollte, an einem bestimmten Platz in Görlitz eine Kapelle zu errichten. Das sollte dort sein, wo er nach seiner Enthauptung zu Boden fallen würde.

Normalerweise würde das wohl der Richtplatz sein, aber dort durfte eine Kapelle nicht gebaut werden, denn das war entweihter Boden. Also schlug der Jakob Frenzel vor, ihn, gestützt durch zwei kräftige Männer, kopflos von der Richtstätte wegzuführen.

Wie gesagt, so getan. Als also sein Kopf auf der Richtstätte am Frauentor (neben dem Frauentor, der heute Dicker Turm genannt wird) abgeschlagen worden war, legte man ihm ein Stück Rasen auf den Hals, um das Blut aufzusaugen, und führte ihn weg. Er soll noch bis etwa in die Höhe Jakobstraße/Ecke Schulstraße gelaufen sein, dann sei er leblos zusammengebrochen. An dieser Stelle wurde dann die Jakobskapelle erbaut, die es allerdings heute nicht mehr gibt.

Ob nun seine Frau ihn ganz einfach besonders liebte oder aber an seinen dunklen Geschäften beteiligt war und deshalb, gewissermaßen vorbeugend, etwas für die Rettung ihrer eigenen Seele tun wollte - sie jedenfalls bestimmte, dass von dem anderen Teil des Geldes, welches der Jakob Frenzel hinterließ, in der Nähe der Kapelle ein Hospital gebaut wurde, das später

von dem 1863 errichteten, nur wenige hundert Meter entfernten Zentral-Hospital in der Krölstraße abgelöst und später abgerissen wurde.

In der Kapelle bewahrte man lange Jahre einen besonderen „Stein" auf. Er soll sich aus dem Rasenstück, das zur Stillung des Blutes verwendet wurde, gebildet haben, weil die durch das Blut gehärtete Erde sozusagen versteinerte. Ein Standbild der Witwe mit ihren Kindern und die Darstellung des doch reichlich makabren Vorkommnisses auf einem Altartuch sollen ebenfalls noch über die Jahrhunderte zu sehen gewesen sein.

Ja, so war das. Heute denken große Sünder leider mehr an ihr Bankkonto und ein gewisses Schließfach in der Schweiz, als daran, Kirchen und Hospitäler zu stiften; und eigentlich läuft die Sache sogar genau anders herum: Erst kommt das große Geld, dann wird **nicht** gebaut, und schließlich macht man Pleite und taucht unter. Doch, auch wenn jemand erwischt wird, der Kopf bleibt ganz gewiss dran.

Also nichts mit Kirche oder Hospital, sondern nur Investruinen und geprellte Gläubiger.

Ja, ja, andere Zeiten - andere Sitten.

Den Namen der Kirche übernahm die um die Jahrhundertwende gebaute Jakobuskirche, dort, südlich der Bahnlinie, sie ist eine Pro-Kathedrale, ein Bischofssitz.

So, nun gucken Sie mal direkt nach Osten. Wenn Sie mit Ihren Augen der Bahnlinie folgten, würden Sie kurz danach die Neiße überqueren, in etwa 35 Metern Höhe über den 1844/47 gebauten, knapp 500 Meter langen **Eisenbahnviadukt** und wären damit in Polen und auf dem Wege nach Warszawa oder Wroclaw. Der Viadukt wurde übrigens noch im Mai 1945 von den Nazis gesprengt, und etwa 10 Jahre später durch die Volksrepublik Polen wieder aufgebaut.

Doch zurück zur Jakobstraße. Wie gesagt, sie führt nach Süden, Sehen Sie?, sie geht unweit des Bahnhofs am **Görlitzer Naturschutz-Tierpark** vorbei, überschreitet als B 99 in Weinhübel die alte und hinter Hagenwerder, das seit einigen Jahren zur Stadt Görlitz gehört, die neue Stadtgrenze, geht weiter in Richtung Zittau und von dort über die Grenze ins Tschechische.

Auf diesem Weg, der hieß damals natürlich noch nicht B 99 und war sicher auch um einiges beschwerlicher als heute, also auf diesem Weg kamen einst einmal zwei Brüder auf die Stadt zu, und aus dem, was unterwegs, kurz vor der Stadt passierte, wurde später eine Sage. Es ist eine Geschichte von viel Liebe, von Neid und Eifersucht und später Vergeltung für eine Missetat. Doch halt, erst noch ein paar kurze Informationen. Ganz in der Nähe dieser Straße befindet sich eine andere Görlitzer Attraktion. Am hohen Neißeufer dreht der **„Adler“** seine Kreise, die jetzt **„Oldtimer Parkeisenbahn“** genannte kleine Nachbildung der ersten deutschen Eisenbahn, die 1835 von Nürnberg nach Fürth verkehrte. Die kleine Bahn wurde am 1. Juni 1976, also am Internationalen Kindertag, als Pioniereisenbahn in Betrieb genommen und befördert seitdem in jedem Sommer viele tausend große und kleine Passagiere. Ob Sie da auch mal mitfahren dürfen? Na klar ...

So, nun aber zu der Sage, die ich Ihnen erzählen will. Bei ihr muss ich immer an ein bekanntes Sprichwort denken. Ich mag Sprichwörter, Sie auch? Ja, Sprichwörter sind mitunter ein Stückchen Volksweisheit, sie resultieren aus vielfach selbst gemachten und weiterberichteten Erfahrungen, aber auch aus Wünschen und Hoffnungen. Das, was ich meinte, lautet: „Es ist nichts so fein gesponnen, alles kommt ans Licht der Sonnen.“ Kennen Sie auch, nicht wahr? Ja, dieses Wort könnte durchaus die Überschrift der nachfolgenden alten Geschichte sein.

Die Sage vom Sühnekreuz am Weinberg

Es lebte einst in Görlitz ein wohlhabender Schlossermeister mit seiner Familie. Ihm war es ein Bedürfnis, wohltätig zu sein, und aus diesem Grund adoptierte er zwei Waisenkinder, einen Jungen, der etwa so alt war wie sein leiblicher Sohn, und ein etwas jüngeres Mädchen. Alle drei Kinder wuchsen gemeinsam auf, die beiden Jungen waren oft in der Werkstatt des Vaters und wuchsen so auch in den Beruf hinein.

Es kam die Zeit, als sie flügge werden wollten. Sie setzten sich das Ziel, anderswo das zu lernen, was ihnen der Vater nicht beibringen konnte. Eines schönen Tages brachen sie gemeinsam auf und verabredeten, sich auf den Tag genau in drei Jahren an einem bestimmten Ort südlich von Görlitz zu treffen, um wieder gemeinsam nach Hause zu gehen.

Der leibliche Sohn des Meisters begann nun seine Wanderschaft mehr nach Norden, den Stiefsohn jedoch zog es nach Westen, ins Französische.

Wie abgemacht, trafen sie sich wirklich nach drei Jahren kurz vor dem Weihnachtsfeste, ganz so, wie verabredet, in einem kleinen Dorf in der Nähe von Ostritz, wanderten gemeinsam nach

Norden, auf die Stadt Görlitz zu. Beide hatten viele Erfahrungen gesammelt, aber unterschiedlicher Art: Während der Schlossersohn alle Kenntnisse seines Handwerks in sich aufgenommen hatte, die er, wo auch immer, bekommen konnte, lagen die Interessen des Stiefbruders mehr in anderer Richtung. Er war bis Paris gekommen, hatte Handwerk sein lassen und sich dafür intensiv mit Wein, Weib und Gesang beschäftigt, so dass er mit leerem Beutel und, was neues berufliches Wissen betraf, auch mit leerem Kopf nach Hause kam.

Beide hatten aber große Pläne für die Zukunft, und die bezogen sich auf ein und dasselbe - sie hofften sehr, die Gunst und schließlich die Hand der zurückgebliebenen Stiefschwester, eines außerordentlich hübschen und tugendsamen Mädchens, zu erringen, eine Familie zu gründen und vom Vater bzw. Stiefvater die Werkstatt übereignet zu bekommen. Der aber hatte ihnen auf den Weg gegeben, sie sollten nach ihrer Rückkehr ein ganz besonders kompliziertes Stück anfertigen, das er ihnen nennen würde; der bessere von ihnen sollte dann der neue Meister in der Werkstatt werden, denn er, der Vater, wolle sich zur Ruhe setzen.

Natürlich sprachen die beiden jungen Männer auf ihrem gemeinsamen Weg auch darüber, und sie begriffen, dass sie ernsthafte Rivalen waren. Während aber der Sohn des Meisters zuversichtlich sein konnte, weil er sich in den vergangenen drei Jahren gründlich auf die Prüfung vorbereitet hatte und auch fast sicher war, die kleine Stiefschwester bringe ihm doch noch mehr Sympathie entgegen als dem Stiefbruder, hatte der andere arge Zweifel: Was, wenn der Meister den eigenen Sohn nun doch bevorzugte? Und wenn die Schwester seinen Stiefbruder mehr liebte als ihn? Und da war auch noch die Tatsache, dass der Bruder offenbar viel gelernt hatte, während er selbst ...

Die Zweifel saßen fest in ihm drin und ließen sich nicht verscheuchen. Und immer klarer wurde ihm bei jedem Schritt, den sie sich der Stadt näherten, dass seine Chancen mehr als gering waren. Verdammt, verdammt, verdammt, was sollte er tun? Er wollte unbedingt die Werkstatt, und er wollte unbedingt seine Stiefschwester zur Frau. Und dafür war er zu allem bereit.

Als sie am Fuße eines Hügels südlich von Görlitz angekommen waren, der Weinberg hieß, weil dort an der Südseite Trauben reiften, und eine kurze Rast machten vor dieser letzten Etappe bis zu Hause, nahm er seinen eisenbeschlagenen Wanderstock und schlug plötzlich auf den Kopf seines Stiefbruders, er schlug und schlug und schlug, bis er sicher war, dass der andere nicht mehr lebte. Dann grub er in der lockeren Erde ein Loch und verscharrte den Leichnam seines Bruders. Bald hatte der Schnee, der in dicken Flocken zur Erde fiel, alles zugedeckt.

Schnell war er danach weitergegangen, nur weg von diesem schlimmen Ort, denn so groß seine Verzweiflung gewesen war angesichts des drohenden Verlustes aller seiner Träume, so groß war bereits die Reue, denn eigentlich war er kein so schlechter Kerl.

Zu Hause angekommen, wurde er mit großer Freude, aber auch mit Sorge wegen des noch nicht heimgekehrten Bruders empfangen. Die Tage vergingen, auch die Wochen und Monate, eine Zeit des Wartens, Bangens, Hoffens für Vater, Mutter und Schwester. Nach drei Jahren ließen die Eltern für den Vermissten eine Messe lesen, denn nun hatten sie die Hoffnung aufgegeben. Tief gebrochen vermachte der Meister dem Stiefsohn die Werkstatt und erlaubte ihm, die Stiefschwester zu heiraten.

Jahre vergingen.

Eigentlich hätte der neue Meister nun glücklich sein können, denn alle seine Wünsche hatten sich erfüllt. Er war ein geachteter Bürger geworden, hatte bereits eine große Familie, und alles konnte eigentlich so schön sein. Wenn da nicht das Wissen um die eigene Missetat gewesen wäre, die in ihm bohrte und bohrte und bohrte und sich durch nichts beseitigen ließ. Auch Gebete halfen ihm nicht, und es ging ihm wohl wie dem Stiefvater Hamlets, der einsehen musste, dass seine Gebete nicht erhört werden konnten, weil er nicht bereit war, das, was er durch den Brudermord gewonnen hatte, zurückzugeben - die Krone und die Königin. Hier ging es zwar nicht um die Krone, aber die Reue plagte den Meister sehr.

Trotzdem oder gerade deshalb ging er oft zur Messe in die nahe Kirche, an einem Tag ganz besonders vergaß er es nie - an dem Tag, an dem er vor immer länger werdender Zeit seinen Bruder erschlagen hatte.

Wieder war es einmal kurz vor Weihnachten, wieder war dieser Tag herangekommen. Der Meister wachte auf, draußen war es noch dunkel, aber da er üblicherweise um halb sechs aufstand und es um diese Zeit im Winter noch stockfinster war, glaubte er, es sei früher Morgen. Er zog sich an, um wie sonst zur Frühmesse zu gehen. Es war ein kalter Tag, bis kurz vorher hatte es frisch geschneit, und der Schnee lag dick auf Straßen und Gehwegen.

In der Peterskirche, zu deren Gemeinde er gehörte, war es ebenfalls noch dunkel, aber die Kirchentür war nicht verschlossen. Der Mann wunderte sich, doch als in diesem Moment die Uhr 12 Mal schlug, wurde ihm klar, dass es erst Mitternacht war.

Der Meister ging zurück nach Hause, doch wenige Stunden später donnerte es an die Haustür, und die Schergen des Rates nahmen ihn gefangen. Der Zufall hatte es gewollt, dass in dieser Nacht in der Peterskirche eingebrochen war und alles kostbare Gerät, Leuchter, Taufkrug usw., sowie die Kollektenbüchse gestohlen waren. Der Schnee hatte die Fußstapfen der Diebe zugedeckt, nicht aber die des Meisters, und seine Spuren waren die einzigen und führten direkt bis zu seinem Haus.

Der Meister wurde stundenlang scharf verhört, er leugnete begreiflicherweise den Diebstahl, da er ja unschuldig war, und da er ein angesehener Bürger war, war man bereit, ihm zu glauben.

Doch da geschah etwas Sonderbares: Der Stadtschreiber, der das Protokoll der Vernehmung geschrieben hatte und es nun laut verlas, versprach sich bei der Nennung des Jahres - und so nannte er ein Datum, das drei volle Jahrzehnte zurücklag, das Datum des Tages, an dem der Meister vor genau 30 Jahren seinen Bruder erschlagen hatte. War es nur der wenige Schlaf, war es die Aufregung wegen der ungerechtfertigten Verhaftung oder war es eine geheime Macht, die ihn zwang, etwas zu tun, was er um nichts in der Welt tun wollte? Stockend, aber unaufhaltsam gestand er seine Missetat, die er damals, exakt in dieser Stunde vollbracht hatte. Man forschte nach, fand die Gebeine des

Ermordeten, der Schlossermeister wurde zum Tode verurteilt und hingerichtet. An der Mordstelle errichtete man zum Gedenken ein steinernes Kreuz. Und damit war wieder einmal bewiesen, was das Volk schon lange glaubte: „Es ist nichts so fein gesponnen ...“- s.o.!

Leider kommt das in der Praxis seltener vor, als erhofft, und deshalb gibt es da auch noch ein anderes, wahrscheinlich recht oft zutreffendes Sprichwort: „Ausnahmen bestätigen die Regel.“ Sonst würde es sich wohl mancher dreimal überlegen, ob er einbricht, einen Mord begeht oder etwas verspricht, was er sowieso nicht halten will ...

Na, ganz schön schauerlich mitunter, die Geschichten aus dem alten Görlitz, nicht wahr? Aber auf das Gemüt der Görlitzer hat sich das nicht ausgewirkt, die sind weiter rebellisch, wenn ihnen etwas nicht gefällt, und außerdem optimistisch, und Humor haben sie auch, sie sehen die Sonne auch bei Regenwetter.

Na, bitte, dort hinten kommt sie schon, die Sonne, und hier, wo wir uns gerade befinden, regnet es auch fast nicht mehr ... Ja, da wären wir wieder bei unserem Ausgangspunkt angelangt, dem alten Reichenbacher, von dem aus wir aufgebrochen sind zu einer ziemlich umfangreichen Stadtführung „von oben". Ich hoffe, Sie haben Ihre Füße ausgeruht - und nebenbei allerhand erfahren über unsere Stadt und ihre Einwohner; ja, natürlich nur über einige wenige. Denn so an die 57.000 Begegnungen wären doch ein bisschen strapaziös gewesen, nicht wahr? Und unmittelbar nach dem Krieg, als die Flüchtlingsströme von Osten her über die Neiße kamen, waren es für eine gewisse Zeit sogar 111.000, wenn ich mich recht erinnere, habe ich mal gelesen ... Da war jede Bodenkammer belegt, und in den Parks wuchsen Kartoffeln, denn die Leute hatten Hunger. Ja, das war`s also. Wenn Sie Fragen haben, bitte schön, wenn nicht, dann sollten wir langsam wieder runtergehen. Sehen Sie, nun guckt die Sonne über die Landeskrone. Wie - ich hatte Ihnen noch eine Geschichte von der Landeskrone versprochen? Ja, richtig. Na gut, versprochen ist versprochen ...

Der verliebte Reichenbacher und die schöne Frau Landskrone

Die meisten und bekanntesten Görlitzer Sagen entstanden, weil sich bereits vor Jahrhunderten merkwürdige Dinge ereigneten, seltsame Personen in der Stadt lebten oder von Durchreisenden von weit her außergewöhnliche Neuigkeiten mitgebracht wurden. Doch auch heute passiert manches, was die Görlitzer zum Staunen bringt. So zum Beispiel hört man die seltsame Geschichte vom verliebten Reichenbacher, die schon vor rund 40 Jahren von E.W. Giese - wahrscheinlich erstmalig - aufgeschrieben wurde. Damals erzählte er von einem Berggeist, der den Görlitzern auf seine spezielle Weise geholfen hatte, den alten Reichenbacher zu sanieren. Was der Autor damals noch nicht wusste, ist, dass es sich dabei nicht um einen Berggeist, genauer, einen m ä n n l i c h e n Berggeist handelte, sondern um eine B e r g f e e, die wunderschöne Frau Landskrone, von der ich Ihnen ja schon erzählte. Manche sagen zwar, sie sei unsichtbar, aber das stimmt nicht. Im Gegenteil - sie zeigt sich sehr gern, man muss nur richtig hingucken. Sie ist sogar eine sehr modebewusste Frau: Sie liebt weitschwingende Röcke, die bis hinüber nach Schlauroth oder Kunnerwitz reichen.

Im Winter trägt sie weiße Pelze, im Frühling bevorzugt sie zartes Grün, das dann im Sommer in ein sattes Dunkelgrün wechselt. Am schönsten aber ist sie im Herbst, wenn sie das bunte Kleid trägt und die langen roten Locken wehen lässt. Ein Rasseweib ist sie - und das weiß sie auch! Sie flirtet sehr gern mit den langen Görlitzern, aber sie ist wählerisch: Der Nickel ist ihr zu simpel, der Rathausturm zu bürokratisch, der Dicke, na ja, eben zu dick, der Mönch ist ihr zu fromm, außerdem ist ihr die Sache mit dem Klötzelmönch nicht ganz geheuer, an den Zwillingen Peter und Paul stört sie, dass sie sie nicht auseinander halten kann. Aber den Reichenbacher, ja den mag sie über alles! Er ist ja auch trotz seiner weit mehr als 600 Jahre -anno 1376 wurde er das erste Mal urkundlich erwähnt - ein schmucker Kerl mit seiner hellgrünen Kappe und den 12 Orden auf der Brust! Kein Wunder also, dass Frau Landskrone, das war vor einigen hundert Jahren, erst einmal begann, so diesen und jenen heißen Blick zu riskieren, bis der Reichenbacher endlich Feuer gefangen hatte, was die städtische Feuerwehr zu nachhaltigen Aktivitäten veranlasste; und schließlich begannen die beiden, heftig miteinander zu flirten, allerdings immer schön platonisch aus der Ferne.

Doch auf die Dauer genügen zwei Verliebten heiße Blicke nicht mehr, nicht einmal, wenn beide über eine in Jahrhunderten geübte Geduld verfügen. Und deshalb machte sich der Reichenbacher heimlich auf die Socken. Mit großen Schritten schlich er zu seiner Angebeteten, so leise, dass die Görlitzer dachten, über der Stadt sei ein Gewitter, denn es donnerte und heiße Blicke flogen wie Blitze über die Dächer. Diese nächtlichen Unternehmungen waren aber nicht so gut für den Reichenbacher: Seine Füße wurden bröcklig, und in den Knien war bald eine Meniskus-Operation fällig. Einzelne Stücke lösten sich aus den Konsolsteinen, und ein breiter Riss verlief vom Wehrgang bis hinunter ins Parterre.

Die Görlitzer erschraken sehr, denn sie liebten ihren Turm. Und deshalb orderten die Stadtväter zwei Top-Spezialisten, die ernsthafte Schäden diagnostizierten und eine schnelle Operation anordneten. Zunächst wurde dafür gesorgt, dass der Patient absolute Ruhe hatte; die Straßenbahn, deren eine Linie damals noch über den Obermarkt verlief, durfte dort nicht mehr fahren, Lkws mussten ihre Kräfte zügeln und rollten fortab nur noch im Schritttempo am langen Reichenbacher vorbei. Und dann ging es los. Der Turm wurde um die Fußknöchel mit Stahlbandagen versehen, den Riss füllte man mit feinstem Zement auf, und alle lockeren Steine wurden fest mit ihrem Untergrund verbunden.

Ganz kompliziert wurde es, als man ihm neue Zement- Schuhe anziehen wollte - er konnte doch wegen seiner steifen Knie die

Füße nicht heben. Guter Rat war da teuer. Die Spezialisten und die Stadtväter standen zusammen und kratzten sich die Köpfe, nicht einmal die Feuerwehr, die sonst für alle komplizierten Sachen zuständig ist, konnte helfen. Doch da geschah ein Wunder. Frau Landskrone eilte, durch eine Tarnkappe unsichtbar geworden, mit wehenden Röcken vorbei, umfasste mit ihren zarten Händen ihren Geliebten ganz fest um die Taille und hob ihn einfach hoch, bis die Operation beendet war. Und so etwas bringt eben nur die Liebe zustande. Was waren die Görlitzer erleichtert!

Zuletzt schärfte man ihm - natürlich ganz diskret, unter vier Augen - ein, er sollte doch bitte ein bisschen vorsichtiger sein bei seinen nächtlichen Aktivitäten, denn schließlich sei er doch nun wirklich nicht mehr der Jüngste.

Er hat es natürlich versprochen, aber wie das so ist mit diesen Kerls - lange hat er sich nicht daran gehalten: Er schleicht wieder nächtens heimlich zu seiner Schönen, und deshalb gewittert es auch wieder so oft. Manchmal passiert das aber auch am Tag, dann hat ihm Frau Landskrone per Eilpäckchen eine Tarnkappe geschickt, die sie sich von ihren hauseigenen Zwergen geborgt hat. Aber das passiert selten, kein Wunder bei den Posttarifen. Damit man nicht merkt, dass er am Obermarkt verschwunden ist, hinterlässt der Reichenbacher in der Innenstadt einen dicken Nebel. Wenn Sie also eines Nachts oder auch sonst am Obermarkt

vorbeikommen und der Reichenbacher ist nicht zu sehen, dann... na, Sie wissen schon. Falls Sie aber zwei Reichenbacher sehen, hat das ganz andere Ursachen, ganz andere!

Und das war aber nun wirklich die letzte Geschichte, die Sie von mir zu hören kriegen. Falls Sie das alles gelegentlich noch mal nachlesen möchten, nun, da habe ich einen guten Tipp für Sie, Zeit, ja, Zeit ist noch genug dafür, also, vielleicht gehen Sie zu Görlitzinformation oder in einen Buchladen, wo es ein Büchlein vom Oberlausitzer Verlag gibt, in welchem wortwörtlich all das aufgeschrieben ist, was ich Ihnen heute erzählt habe. Auf diese Weise können Sie die Stadt Görlitz ganz einfach mit nach Hause nehmen - und sie trotzdem nicht stehlen.

So, genug, jetzt müssen wir langsam runtergehen, bitte ganz vorsichtig, und halten Sie sich gut fest! Ich gehe voraus. Kommen Sie junge Frau, ja, natürlich, ich fange Sie auf, falls Sie stolpern, mit Vergnügen sogar! Ja, ganz vorsichtig bitte ...

Nun sind wir also wieder gut hier unten angekommen, bei etwa 206 Metern über dem Meeresspiegel. Es freut mich, dass Ihnen unser Spaziergang im Trockenen gefallen hat. Kommen Sie gut nach Hause. Und kommen Sie mal wieder in die östlichste und, wie Sie jetzt sicher bestätigen können, interessanteste Stadt Deutschlands! Sie wissen ja nun - es lohnt sich! Und, bitte, ziehen Sie bequeme Schuhe an!

Auf Wiedersehen!

Sagenhafte Oberlausitz

Frank Nürnberger

Grosses Oberlausitzer Sagenbuch

Eine Auswahl der schönsten Sagen aus der gesamten Oberlausitz.

320 Seiten, 16 x 23 cm, fest gebunden, Kunstledereinband mit Goldprägung, 13,00 €
ISBN 978-3-933827-01-2

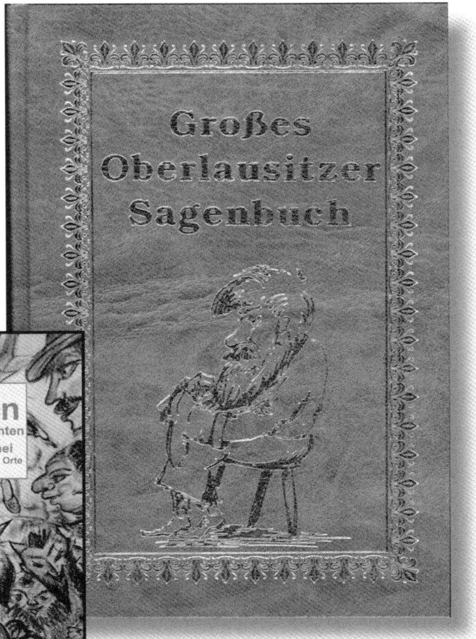

Gottfried Nitzsche

Sagen und Geschichten der Massenei

176 S., 16 x 23 cm, broschiert, 10,00 €
ISBN 978-3-933827-25-8

Markus Bauer

WASSER, HOLZ UND EISENSTEIN

Herrschaft, Gewerbe und Landwirtschaft im Oberlausitzer Heide- und Teichgebiet.

112 Seiten, 15,5 x 23 cm, broschiert, vierfarbig, zahlreiche Fotos, Karten und Zeichnungen, 6,95 €
ISBN 978-3-933827-91-3

Traditionelle Küche

Die besten Kochrezepte der Lausitz und Niederschlesiens

120 S., 14 x 14 cm, fest gebunden, mit zahlreichen Zeichnungen, 9,95 €
ISBN 978-3-933827-51-7

Oberlausitzer Kochbuch

224 S., 16 x 23 cm, durchgängig illustriert, fest gebunden, Kunstledereinband mit Prägung, 13,00 €
ISBN 978-3-933827-06-7

Oberlausitzer Backbuch

128 S., 16 x 23 cm, durchgängig illustriert, fest gebunden, Kunstledereinband mit Prägung, 13,00 €
ISBN 978-3-933827-19-7

Privilegien und Statuten der Oberlausitzer Sechsstädte

Ein Streifzug durch die Organisation des städtischen Lebens in Zittau, Bautzen, Görlitz, Löbau, Kamenz und Lauban in der frühen Neuzeit.

304 Seiten, 17 x 24 cm, fest gebunden, mit zahlreichen sw Abbildungen, 24,95 €
ISBN 978-3-933827-88-3

Erläuterungen zur nebenstehenden Karte

1 Reichenbacher Turm
2 Verrätergasse
3 Napoleonhaus mit Görlitzinformation
4 Dreifaltigkeitskirche mit dem „Mönch“
5 Rathausturm mit Treppe und Justitia -Säule
6 Renaissancehaus „Schönhof“
7 Lange Läuben
8 Flüsterbogen
9 Ratsapotheke mit der Sonnenuhr des Zacharias Scultetus
10 Die „Zeile“ mit der Alten Waage
11 Hirschläuben
12 Museum Barockhaus Neißstraße 30, mit der Oberlausitzischen Bibliothek der Wissenschaften
13 „Biblisches“ Haus Neißstraße 29
14 Relief „Zwei Männer mit Krug“
15 Ochsenbastei
16 Weid- oder Renthaus
17 Peterskirche
18 Vogtshof
19 Zwingeranlage zwischen den Stadtmauern
20 Nikolaiturm
21 Nikolaikirche
22 Nikolaifriedhof
23 Museum Kaisertrutz
24 Heiliges Grab
25 Annenschule mit Annenkapelle
26 Dicker- oder Frauenturm
27 Naturkundemuseum
28 Frauenkirche